龙腾九霄，文脉新生

——《龙生九子》序

当古老的传说遇见当代的表达，当深邃的文化融入创新的血脉，一部承载着中华龙魂的诚意之作——《龙生九子》应运而生。作为出版方，我们怀抱对传统文化的敬畏之心与传播时代新声的使命感，将河南广播电视台“常识中国”系列第一季的精彩结晶，以图文并茂、视听交融的全新形态呈现在读者面前。

龙，是中华民族的精神图腾，是力量、智慧与祥瑞的象征。而“龙生九子，各有不同”的传说，更是以丰富的想象力和深刻的哲思，千百年来在华夏大地上口耳相传。《龙生九子》一书的诞生，正是我们致力于让传统文化“活起来”“潮起来”的生动实践。

在内容的挖掘上，我们对电视节目的精华进行了出版化的深度再造与知识拓展。我们在书中精心增设了“溯源寻根”板块，力求探寻龙之九子形象在历代典籍、器物纹饰（如青铜器、古建筑脊兽）中的真实演变轨迹，呈现其深厚的文化背景与历史渊源。“延展阅读”环节则如同打开一扇扇知识之窗，引导读者深入了解与每位龙子特性相关的中国传统文化知识、成语典故、民间习俗、艺术表现形式等。这些匠心独运的增补，显著提升了书籍的知识浓度与阅读价值，使其超越单纯的“故事书”，成为一部可读、可观、可赏、可藏的中华神兽文化小百科。

在视觉呈现与互动体验上，本书力求精益求精，引领风尚。每一章节都嵌入视频二维码，读者只需扫码，便能即刻穿越到节目现场，重温董宇辉的精彩讲述，感受皮影戏的独特韵味，或沉浸于新国潮说唱的动感节奏之中。这种“纸电联动、视听融合”的阅读体验，让静态的文字插上动态的翅膀，极大地拓展了阅读的边界，丰富了读者的阅读感受。

本书的顺利出版，离不开河南广播电视台“常识中国”团队的精诚合作与付出的心血智慧，离不开董宇辉先生的深情讲述，离不开皮影艺术家与音乐制作人的匠心创作，也离不开为这本书付出心血的编辑团队。我们共同的目标是让古老的“中国龙”及其九子，以最富时代气息的面貌，飞入寻常百姓家，唤醒潜藏在每个中国人心底的龙之血脉。

翻开《龙生九子》，您开启的不仅是一次奇幻的神兽世界之旅，更是一场贯通古今的文化寻根与审美体验之旅。愿这来自远古的龙吟，能在读者心中，激荡起对中华文化无尽的向往与热爱。让我们一同感受龙脉的搏动，见证文脉的新生！

李滢（人民美术出版社副总编辑）

龍生九子

The Loong has nine sons and each one is different.

人民美术出版社 编

河南广播电视台 出品

人民美術出版社

北京

河南广播电视台“常识中国”龙生九子篇

出品人：王仁海

总策划：郭士飞

主　编：胡嘉迅

策　划：董　强　刘　艺　王若旭　赵艺文

编　委：曹德兰　边海波　孔　琛　杨化建
冯　华　杨永涛　蒋孝凯　海　准
陈莉梅　梁治疆　闫书林　吴彦军
陈小莉　赵　凡　李　嘉　赵　宇
韩　冰　秦可媛　高　力　任绍勇
崔　伟

顾　问：王　刚　陈连山　程健君　高志明

统　筹：张俊林　管　鹂

撰　稿：王　珏　崔　禾　梁静瑶　胡亚平
智　朴　苏　敏　何成刚　周长军
张长顺　王加茜

目　录

qiú niú
囚牛

囚牛文武皆不精，
独善音律通幽冥。
龙头胡琴今犹在，
华夏大地显才名。

话说囚牛

不同于其他龙子
囚牛
身为龙的长子
生性温和
恬静儒雅
在音乐上有很高的造诣
在天上
囚牛作为“乐坛天王”
备受大家追捧
在凡间
它是传播仙乐的使者

扫码观看
视频讲解

Unlike his brothers,
Qiu Niu,
the eldest son of the Loong King,
possessed a gentle nature.
He kept himself detached from worldly disputes
and showed great devotion to his beloved music.
In Heaven,
as the king of music,
he was chased by zealous fans.
In the mortal world,
he served as the envoy of music,

它所演奏出的美妙旋律
听过的人无不为之陶醉
它的行为却触怒了天帝
随即被囚禁到悬空山下

spreading ethereal melodies
that enchanted all who heard them.
His conduct,however,enraged the Emperor of Heaven,
and he was imprisoned
under the Suspended Mountain.

听到这个消息
人们纷纷拿出了自家乐器
如二胡
月琴
三弦琴
并雕刻囚牛的形象
来声援它
民心所向
天帝别无他法
只能让囚牛继续
在人间发光发热

Upon hearing this,
people took out their musical instruments,
such as the two-stringed lute (Erhu),
the Moon Lute (Yueqin),
and the three-stringed lute (Sanxian),
and carved the image of QiuNiu
on these instruments to support him.
Yielding to public opinion,
the Emperor of Heaven had no choice
but to allow Qiu Niu to continue to shine
and glow in the mortal world.

久而久之
人们在制作乐器时
雕刻囚牛
成为一种习惯
一生沉浸音乐
也许并不符合人们对这位龙长子的期望
但人生只有一次
并不只是为了满足别人的期待
坚持自己所爱也是很好的选择

Over time,
it became a folk custom
for people to carve Qiu Niu's image
when making musical instruments.
Spending his life on music
probably does not comply with people's expectations for Qiu Niu
as the eldest son of the Loong King.
But we only live once,
we don't live our lives to meet others' expectations.
We are born to determine our own life course.

溯源寻根

龙吟九霄，其声动天。其实，龙族中最懂音律的是龙长子囚牛！传说它常伏在琴头倾听丝竹，连雷霆声都会为它让路。这位“音乐小王子”为何总与乐器相伴？当我们听到动人的旋律时，是否也像囚牛一样感受到万物共鸣？让我们从琴弦上跳动的龙影里，寻找艺术与心灵的秘密。

囚牛的起源：龙之长子，音乐艺术的象征

古人出于对自然现象的敬畏和想象，创造了龙这一神秘形象，而囚牛作为龙之子，也寄托了人们对神秘和美好的向往。

囚牛作为龙的长子，并未继承龙行天下的气势与无上皇权的威严，反而性情温顺、雅好音乐。传说囚牛因将天籁传播到人间，从此触犯天条被囚禁，所以得名囚牛。百姓因此将其形象雕刻于乐器之上，作为纪念，囚牛也成为乐器装饰的常规形象。

囚牛的形象：从牛到龙的演变，最像龙的龙子

龙生九子，九子不同，因其母不同。传说囚牛的母亲是牛，因此囚牛最初是水牛的形象。《五杂俎》中记，龙与牛

交，则生麟，或许这就是囚牛之来源。

唐朝时一种二弦胡琴传入中国，之上便是牛头装饰。之后，人们为了适应审美需要，在元朝时将牛头改为马头，在明朝时又将马头改为龙头。民间相传，琴上龙头原是“泅牛”，因为明代文学家李东阳的误解，才讹传并固定为“囚牛”。

据目前考古成果，囚牛在明代以前的文献里无确切的文献记录，胡琴的牛头变为龙头也恰在明朝。因此，我们可以推测，囚牛之名是在明代时才确立的。

囚牛的性格：温暖、治愈、自由的多元价值追求

囚牛虽为龙的长子，继承了龙的大力和威猛，但性格却温柔、多情，是所有龙子中性格最温和的，这或许源自母系牛的温顺。囚牛喜爱音乐，常蹲踞于琴头，静静聆听琴声，因此，它的形象常被雕刻在乐器上，成为古代音乐与艺术的象征。这种形象不仅展现了囚牛对音乐的痴迷，也反映了古代人对音乐的神圣崇拜。在历史的发展中，囚牛的形象逐渐确立，成为龙之九子中最为温顺的一员，用音律治愈他人。

在古代，音乐不仅是娱乐的方式，而且是沟通天地、祭祀神明的重要手段。囚牛作为龙的长子，象征着权威与神圣，而它对音乐的喜爱，则进一步赋予了音乐以崇高的地位。囚牛蹲踞于琴头，既是音乐的聆听者，又是音乐的守护者，象征着音乐的神圣与庄严。囚牛温顺的性格与对音乐的痴迷，象征着平和、宁静的生活态度，反映了古代人对和谐与美好的追求。

囚牛作为龙的长子，本可以凭借尊贵的身份和血统，顺理成章地追求权力与地位，成为龙族中的统治者或权威象征。然

而，囚牛却选择了一条与众不同的道路——放弃追逐权力，突破世俗的枷锁，转而投身于自己热爱的音乐世界，展现出一种难得的追求自由的精神。这种选择不仅体现了古人对自我价值的独特认知，也反映了古代文化对个体自由与精神追求的尊重。囚牛也因此成为超越世俗权力、追求精神自由境界的象征。囚牛的选择，是对传统权力观念的挑战。它用自己的方式诠释了什么是真正的自由与幸福：真正的自由，不在于对权力的掌控，而在于心灵的解放与精神的升华。囚牛的这种远远超越世俗的权力争斗，勇敢追随内心声音的境界，使其通过音乐找到了一种与天地万物和谐共处的方式。这种精神，不仅是对个体自由的肯定，也是对多元价值的包容与尊重。

彝族月琴

全长 77 厘米
音箱呈扁圆形
面、背板使用桐木制作
云南省博物馆藏

彝族月琴又称弦子，音箱圆形的又称库竹，棱形的又称八角琴，是彝族人民常用的弹弦乐器。此件为云南红河地区流行的“库竹”。琴颈和面板上嵌有 9 个音品，面板上刻有各种图案花纹作为装饰，精美别致，并有 4 组镂空花窗，起出音孔作用。4 条琴弦分为两组，每两根同音，按四度或五度关系定弦。它可用于独奏或为彝剧及民间歌舞“花灯”伴奏，舞者常边弹边舞。

彝族龙头月琴

长 70.5 厘米　宽 39 厘米　高 30 厘米
木、尼龙绳
贵州省民族博物馆藏

彝族的龙头月琴琴头装饰有金色的龙头（囚牛）形象，我们可以见到夸张的龙角。有的月琴还装饰有五彩的绒球。琴身常有金色或五彩龙纹装饰，搭配刺绣彩带，色彩鲜艳，显得热闹异常，象征着活力、热情与吉祥。

彝族龙纹月琴

上海博物馆藏

彝族龙纹月琴作为西南彝人“曲谷”对歌的核心乐器，其琴首囚牛图腾象征龙子嗜乐的天性。其琴箱雕有九涡旋纹，暗合九龙传说。其羊肠弦奏响时，声如龙吟，每逢火把节，这便是通灵之音。此琴形制承自南诏宫廷乐仪，现存最古者可追溯至大理国时期。

白族三弦

弦鸣拨奏乐器　木制琴身　面板皮制　琴头龙饰
中国工艺美术馆藏

清代
通高 80 厘米　弓长 60 厘米
故宫博物院藏

木金漆龙首匏葫芦式藩部胡琴

木金漆龙首匏葫芦式藩部胡琴可能为皇家用具。其琴箱两侧有“三星同庆祝万寿”“四海来朝贺太平”字样，这更说明此琴可能为皇帝、皇太后万寿节时所用。这把胡琴的琴头雕刻龙首（囚牛），髹金漆。琴箱为匏制，分上、下两部分，上有仙鹤翱翔、海水江崖纹饰，琴箱背面有凤凰、仙山、祥云纹饰和三星祝寿场景，仙山古树间福、禄、寿三星乘麒麟持海珠、犀角、珊瑚等宝物而来，呼应祝寿场景。

◎ 延展阅读 ◎

囚牛化琴——彝族传说中的人龙知音

在彝族的传说中，少女玛雅弹奏月琴表达对父亲的思念，而囚牛则因偏爱丝竹之乐注意到了玛雅的琴音，人类少女和龙王长子也渐渐成为超越种族的知音。为救玛雅，囚牛犯下杀生之罪，触犯天条，被天帝处死。囚牛的身体最终化为月琴的一部分，日夜陪伴玛雅。这种胡琴后来也被称为“龙头胡琴”，陪伴着爱音乐的人们。

囚牛好音

明代关于囚牛的记载较多，几乎都围绕“龙生九子”的故事展开，记载的语句亦多雷同。陈仁锡《潜确类书》中有“龙生九子，不成龙，各有所好……囚牛好音，形琴瑟上”，由此衍生出“囚牛好音”的俗语，但这个词对囚牛而言却变成了一种偏负面的评价——这词的意思是囚牛这只刻在胡琴头上的兽，表现出一副喜爱音乐的样子，比喻冒充内行。比照囚牛实际上不爱权势爱音乐、放荡不羁爱自由的个性，还有为了音乐和友谊甘愿献出生命的故事，用这个词来形容外行冒充内行实在是有点委屈囚牛了。

yá zì
睚眦

豺首龙身怒目睁，
英勇无畏斗恶凶，
嘴衔宝剑战沙场，
事了深藏功与名。

话说睚眦

睚眦
龙的二儿子
是一只豺狼妈妈所生
这位龙子长着豺狼似的脑袋
身体则是龙的样子
尖角　怒目
身强体壮并且疾恶如仇
性格十分刚烈

扫码观看
视频讲解

Ya Zi,
the second son of the old Loong King,
was born to a jackal mother.
This extraordinary creature possesses the head of a jackal
and the body of a Loong,
adorned with sharp horns and piercing eyes.
Ya Zi's strong and fiery disposition
made him intolerant of the evil.

睚眦年轻的时候
人们经常看到它嘴衔宝剑
每当它遇到恶人
便会怒目圆睁
惩凶斗恶
使得它在人间
小有侠名
这也使它变得傲慢起来
甚至有人对它稍有不敬
都会被“修理”
“睚眦必报”这个成语
在民间流传起来
说它锱铢必较
因此
睚眦也成了
心胸狭窄的代名词

In his youth,
he was often seen with a treasured sword
clenched between his teeth.
Whenever he encountered wickedness,
his eyes blazed with rage.
Ya Zi's relentless fight against evildoers and injustice
earned him a reputation as a knight-errant
in the mortal world.
This notoriety led him to become arrogantly overconfident.
Anyone daring to show him the slightest disrespect
will be subject to his retribution.
The idiom "Ya Zi's readiness to avenge even the smallest grievance"
became popular among people,
indicating his unforgiving nature.
Consequently,
the metaphor of "Ya Zi"
often described narrow-minded individuals.

知道了儿子的事后
龙对睚眦说
侠之大者
为国为民
为什么不到战场上去建功立业
做一个真正的侠者呢
到了战场后
睚眦英勇作战

Upon hearing of his son's actions,
the Loong King summoned Ya Zi and said,
"Knight-errantry lies in serving the nation and its people.
Why not enlist in the army,
thereby living up to the spirit of chivalry?"
After enlisting in the army
Ya Zi fearlessly fought back foes.

正是这段经历
让睚眦看遍了人间疾苦
回想年少时
追求虚名的自己实在可笑
为了一时意气
睚眦争强好胜
给他人带来痛苦
但保家卫国的时候
人们又会感谢它

Along this journey,
he witnessed the suffering of mankind.
Through reflection,
he found his younger self naive for pursuing empty fame.
In a moment of recklessness,
Ya Zi was eager to outdo others,
causing pain to others.
Yet when it comes to defending his homeland,
people are grateful for him.

溯源寻根

刀剑寒光中游走的龙影，正是勇猛刚烈的龙二子睚眦。作为龙族战神，它双目如电，利齿似刃，总盘踞在兵器上守护正义。但这位“斗士”真的只会战斗吗？传说它曾用利齿咬断捆住太阳的锁链。当我们面对不公时，是否也该像睚眦般既有锋芒，又有智慧？

词源探析与早期文献记载

根据《说文解字》中的记载：“睚，目际也，从目、厓”，指的是眼角；“眥，目匡也。从目、此声”，指的是上下眼睑交际处，也就是眼眶（眥，亦作“眦”）。所以“睚眦”一般形容怒目而视的样子。“睚眦”作为一个词在文献中的记载，比较早的是在司马迁《史记·范雎蔡泽列传》中：“一饭之德必偿，睚眦之怨必报。”这里的睚眦与龙子并没有关系，而将睚眦作为龙子的说法，是明代文人提出来的。

明代龙生九子传说的定型

明弘治年间内阁大学士李东阳在《怀麓堂集》中提到

了睚眦是龙子的说法，称“睚眦，平生好杀，今刀柄上龙吞口是其遗像”，这是关于睚眦作为龙子的最早的说法。李东阳弟子杨慎在《升庵集》中描述睚眦为“七曰睚眦，性好杀，故立于刀环”，进一步说明了睚眦好杀的习性以及它在刀环上的形象特点。从明代以后，龙生九子的传说就在民间流传开来，并且衍生出了不同的版本。有的版本把睚眦作为龙的第二子，有的则作为第七子，而且各个版本的龙生九子也有一些差异。但是，各个版本的传说中，睚眦经常以性情凶猛好斗的形象作为装饰出现在武器上。

睚眦为龙子虽然是明代才开始流传的，但是和它相似的形象在先秦时期就已经出现了。《山海经》中记载了一种怪兽：“有兽焉，其状如马而白身黑尾，一角，虎牙爪，音如鼓音，其名曰駮（bó），是食虎豹，可以御兵。”说的是有一种怪兽，长得像马，身体是白色的，尾巴是黑色的，有一只角，有老虎一样的牙齿和爪子，声音像是敲鼓，名字叫作駮，把老虎和豹子当作食物，可以防止兵戈之灾。这种怪兽的形象可以看成是睚眦的一种雏形。

文化融合与形象演变

睚眦形象定型于明代，但在明代之前的文献或器物中，我们也能从一些神兽形象中找到其部分雏形。

睚眦形象可能源于早期的兽面纹。商周时期的青铜器经常用饕餮（tāo tiè）纹、夔（kuí）龙纹一类的兽面纹作为装饰。人们一般将其用在礼器上，以显示神权的威严和神秘。如商代晚期著名的后母戊鼎鼎身就装饰了饕餮纹和盘龙纹。《吕氏春秋·先识览》中也有“周鼎著饕餮，有首无身”的记载。

到了春秋战国时期，我国开始从奴隶社会向封建社会转变，这时期的青铜器脱离了神权时期的庄重神秘，逐渐贴近日常生活，不再大量使用兽面纹装饰。春秋战国时期群雄争霸，战争非常频繁，为了

后母戊鼎
中国国家博物馆藏

吴王夫差剑　中国国家博物馆藏

鼓舞士气，增加武器的威慑力，人们经常在武器上装饰凶兽纹样，例如吴王夫差剑的剑格地方就有用绿松石镶嵌的兽面纹。这时期兽面的形象一般带有驱邪和威慑的寓意。先秦时期的睚眦尚未形成具体形象，但兽面纹在形态发展过程中或许衍生出了后来的睚眦造型。

东汉石辟邪　洛阳博物馆藏

汉代随着丝绸之路的开通，受域外文化影响，瑞兽形象在原有的基础上增加了翼状装饰，口张露齿，更具有攻击性。例如汉代的石雕辟邪，就是类似的形象，象征驱邪避凶。辟邪等汉代瑞兽可能为睚眦形象来源之一。

魏晋到隋唐时期，佛教文化的传入让神兽的形象和寓意有了新的变化：身材比例拉长，有的装饰火焰纹。佛教中的阿修罗易怒好斗、骁勇善战，是护法神之一。受这种外来文化影响，这时期神兽有时作为佛教的护法神兽出

彩色釉陶镇墓兽
上海博物馆藏

现，也用在宫殿和寺庙建筑中。作为镇墓兽的三彩俑也有类似的形象。这些佛教艺术可能对睚眦形象也产生一定的影响。

宋代的神兽形象逐渐简化，经常在建筑物上使用，象征威仪。《营造法式》中记载，四阿殿九间以上或九脊殿十一间以上者，套兽径一尺二寸，嫔伽高一尺六寸，蹲兽八枚，各高一尺，滴当火珠高八寸，就是对当时建筑物上的神兽的尺寸和数量的规定。这时的神兽形象也逐渐从皇家威仪的象征向民间祥瑞转变。

元代，我国横跨亚欧大陆，睚眦的形象又增加了西域的文化元素，出现了中原地区龙和西域神兽的混合特征。

明清时期，龙生九子传说广泛流传，而睚眦因为它勇猛与善于战斗的特点，经常出现在刀剑的吞口处，彰显威严。

早期，睚眦雏形用在礼器和兵器上，强化“君权神授”，是权力和武力的象征。汉唐以后，睚眦增加了辟邪和守护的内涵。明清龙生九子的说法流传后，睚眦的传奇色彩又增加了几分，所以民间经常用睚眦装饰在门楣，用于镇宅辟邪。

越王勾践剑

湖北省博物馆藏

剑首向外翻卷呈圆盘形，内铸 11 道精细的同心圆，剑身满饰神秘的黑色菱形花纹，剑格的正面和反面分别用蓝色琉璃和绿松石镶嵌成美丽的纹饰。剑身正面靠近剑格处还写有两行鸟篆铭文，分别是“越王鸠浅 自作用剑”，经专家考证，鸠浅就是勾践。

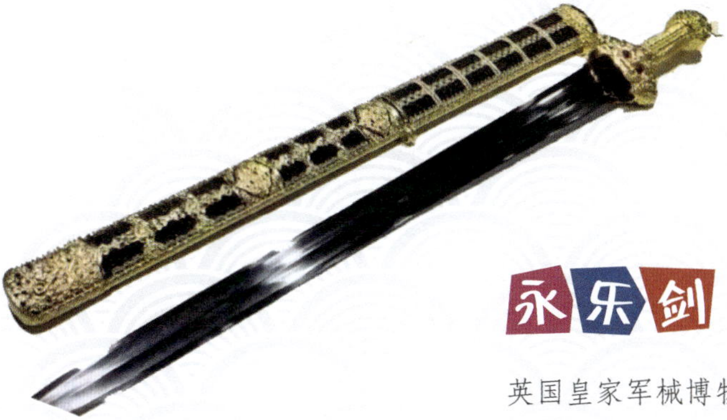

永乐剑

英国皇家军械博物馆藏

这把剑造于 1420 年，是永乐大帝送给西藏一位活佛的礼物。剑格的动物是类似睚眦的佛教瑞兽“琼”。剑鞘为交错纹案以及浮雕花面。

北宋鎏银睚眦纹铁斧

天津博物馆藏

铁斧上有刻铭，刻铭上的年款是“嘉祐丙申岁次十二月五日造”，是宋仁宗时期的一件仪仗兵器。

◎ 延展阅读 ◎

睚眦必报：范雎的复仇与报恩

睚眦是龙九子中性格刚烈的神兽，象征“恩怨分明”。成语“睚眦必报”出自《史记》范雎的故事。

范雎本是魏国门客，因受大夫须贾猜忌被诬告通敌，惨遭丞相魏齐毒打，肋骨断裂，牙齿脱落。他装死逃到秦国，化名张禄成为丞相。

数年后须贾出使秦国，范雎故意穿破衣试探。须贾不知眼前乞丐竟是秦国丞相，怜悯地赠予锦袍。待须贾发现真相后，吓得魂飞魄散，光着上身跪地求饶。范雎念及赠袍之情饶他性命，却当众羞辱并逼魏国交出魏齐首级。魏齐四处逃亡，最终自尽。

范雎对恩人千金相报，对仇敌誓不罢休，正是“一饭之恩必偿，睚眦之怨必报”的写照。这故事告诫我们：恩怨分明固然可贵，但若心胸过于狭隘，反会陷入仇恨的旋涡。睚眦虽为神兽，其“必报”特性亦需辩证看待。

睚眦精神与古诗词中的战争意象

睚眦以龙首豺身为形象，主护卫和兵事，代表了镇邪扶正和英勇善战的品格。我国古代，描写战争的诗句不在少数，例如王昌龄《从军行》中的“黄沙百战穿金甲，不破楼兰终不还”，李贺《南园》中的“男儿何不带吴钩，收取关山五十州”，李白《从军行》中的“百战沙场碎铁衣，城南已合数重围”，李白《侠客行》中的“十步杀一人，千里不留行”，贯休《献钱尚父》中的“满堂花醉三千客，一剑霜寒十四州”等。这些诗句中体现的战争场面和英勇精神与睚眦的精神内涵是相似的。

睚眦：礼制与战争的象征

睚眦勇猛善战，它的形象经常用在礼器、兵器和建筑上，这体现了我国古代社会中重视礼制和战争的传统。史书《左传》中有一句话，“国之大事，在祀与戎”，意思是对一个国家来说最重要的事就是祭祀和战争。祭祀使用的礼器和战争使用的兵器刻有睚眦的形象，这体现了睚眦的重要作用：它是勇猛的化身，也是秩序和礼制的守护者。

cháo fēng

嘲风

嘲风展翅傲云霄，
抢险救灾胆气豪。
水火无情它有情，
福佑人间百难消。

话说嘲风

嘲风
龙的第三个儿子
长着龙头
兽身和一对凤凰翅膀
嘲风充分继承了父母优点
不仅有龙的威严仪态
还有凤凰遇难呈祥的体质

扫码观看
视频讲解

Chao Feng,
the third son of the Loong King,
possesses a Loong's head,
a beast's body and a pair of phoenix wings.
Chao Feng inherited the vigorous
and dignified demeanor of his father,
as well as the auspicious nature of the phoenix.

因为有着庄严的形象
它也经常被雕刻在
皇宫的屋脊之上
消除灾难
镇压邪祟
给屋檐下的人带来祥和
也能使整个宫殿的规格
严整又富于变化

The image of powerful beasts
was often carved onto
the roof-ridges of imperial palaces.
This act not only served to eliminate disasters
and ward off evil,
bringing peace to the home,
but also added a sense of order
and variety to the entire palace.

凭借着遇难呈祥的体质
它有恃无恐
哪儿哪儿都有它
无论是火灾现场
还是海啸中心
刚开始
嘲风只是很喜欢
通过拯救他人而成为超级英雄的刺激

Endowed with
the ultimate perk of being "virtually indestructible",
he seemed to be everywhere
whether at a fire scene
or in the eye of a tsunami.
Initially,
Chao Feng merely relished
the thrill of being a superhero by rescuing others.

然而
随着时间的推移
它也做出了一些令人匪夷所思的行为
帮助他人时制造出了更多麻烦
只为了自己的感受
甚至在途中掀翻了更多的渔船
年轻的时候我们曾莽撞如潮风
能够平衡勇往直前的冲劲儿和面面俱到的思虑之时
就是从稚嫩迈向成熟之时

However,
over time he developed a histrionic personality
and began to deliberately cause disasters
for the thrill of it.
He even capsized fishing boats that failed to worship him.
We used to be reckless when we were young,
but being truly mature is the time
when you can go straight with courage
and consideration for others.

溯源寻根

站在飞檐翘角上的龙三子嘲风，是龙族最勇敢的冒险家！它永远昂首远眺，传说能望见千里外的风浪。古人将它的雕像置于屋顶，既为了镇守宅院，也寄托着对远方的向往。这位“瞭望者”教会我们：真正的勇敢，是明知危险仍选择守护所爱。

嘲风起源：檐角飞翼的五行镇守

故宫太和殿屋檐上那些形态各异的石雕动物中，有一个龙首兽身、身侧长有一双翅膀的神兽，它就是龙的第三个儿子嘲风。关于嘲风的文献记载，多见于明代和清代，大多是一些小说、笔记，如：明代陈仁锡《渊鉴类函·鳞介·龙》中特别强调它是“鳞虫之长”，说明它在龙族中地位显赫；清代学者胡式钰在《窦存》中记载，“凡九种，皆一龙所生子也，三云嘲风”，明确指出它是龙九子中的第三个儿子。

嘲风是龙与凤凰的结合，有着独特的外貌特征——龙头威严、兽身矫健、双翼轻盈，因此，民间传说嘲风是有着龙脉的凤凰。这种奇妙的组合源自古人“龙凤呈祥”的幻想——它既继承了龙矫健威严的仪态，也继承了凤凰遇难呈祥的体质，因此，古人将它视为瑞兽。

由于嘲风生性“好险好望”，古代帝王将其视为垂脊兽，雕刻在宫殿的垂脊之上，这样不仅可以清除灾祸、辟邪安宅，还可使整个宫殿的规格严整又富于变化，其翅膀设计还能有效分散风力，起到加固建筑的作用。此时，神话故事中嘲风的形象变得具象化和世俗化。值得注意的是，将嘲风作为垂脊装饰元素，是融合了上古图腾信仰与风水学说：龙为水神，其子分管风雨雷电；嘲风立于檐角，既可驱邪避灾，又暗合“水克火”（宫殿多属木构，需防火）的五行观念。

历史演变：形态、寓意的动态流变

1. 早期形态：灵动飞兽

早期文献中，嘲风被描绘为“龙首兽身，背生双翼”，或“形似獬豸（xiè zhì）”，兼具走兽的矫健与鸟类的轻盈。传说中，嘲风喜欢在海上礁石舞蹈，海上行船路过的渔民必须鼓掌和赞美它才能通行，对忽视其存在或没有鼓掌的渔民，嘲风会掀起风浪来惩罚他们，后来这逐渐演变为渔民“见礁必鼓掌”的习俗。中国古代先民在图腾崇拜的影响下，赋予嘲风龙凤呈祥的寓意。

2. 两宋以来：建筑装饰和等级象征

由于嘲风“龙凤呈祥”的美好寓意，古代人常常将它视为瑞兽，古代帝王也将它作为垂脊兽，雕刻在宫殿的垂脊之上，以清除灾祸、辟邪安宅。宋代官方制定的建筑设计、施工的规范书目《营造法式》明确规定，皇家建筑的垂脊端部需设置垂兽（蹲脊兽）。关于嘲风是从什么时期开始被用作蹲脊兽原型的，我们无从知晓，但从两宋及明清文献记载中可得知：宋代嘲风已经是具有象征意义的屋脊兽，不仅可用于遮挡、保护屋脊连接处及固定瓦件末端的木栓、瓦钉等，防止它们因雨蚀而生锈损毁，还象征着吉祥与威严，寓意辟邪驱凶、祈福纳祥。这种将神话生物融入建筑规范的智慧，体现了古代工匠天人合一的设计理念。

在古代，蹲脊兽的使用在兼具实用性和装饰性的同时，还象征着森严的等级制度。屋脊上蹲脊兽的数量要依据建筑物的等级来确定，不能随意放置，但无论建筑等级高低，蹲脊兽的数量大多是奇数，像故宫（除太和殿一处为10只屋脊兽外）、太庙、皇陵等象征最高权力和规格的建筑都使用奇数个蹲脊兽，而九个蹲脊兽则象征着至高权威，因为在阴阳学说中，“九”被视为阳数之极，象征着阳刚、正义和权威。

社会信仰与价值观

1. 对自然力量的敬畏与调和

中国古代为农耕社会，人们对大自然的依赖程度较大，对天灾非常惧怕。古代的建筑多为木构，古人借助嘲风“龙凤呈祥”的寓意，将它装饰在屋脊，是祈望借用嘲风的“神力”来镇压火灾和消除灾祸。

2. 权力等级的象征

明清时期，嘲风与“龙生九子”的传说被应用到皇权中来，如皇帝自称“真龙天子”。此时，嘲风作为龙子之一，也从广义上象征皇族对天地的统治权力，是皇权的象征。屋脊兽作为维护封建皇权的物质载体，其使用有严格规制。

常识中国

北京天坛

北京故宫博物院

以上屋脊兽中，每一处最上方体型较大的为嘲风形象的垂兽。该垂兽为兽头形象，头上装饰有细长双角，双眼目视前方，仿佛在瞭望远方情形，这生动展现了嘲风的好望性格。头下方为较短的龙身，上覆有龙鳞，表明其龙子的身份；头后方为双翼，寓意其母为凤。龙首兽身、身生双翼的形象，既符合文献中的记载，又是一种身份地位的象征。其位置位于最上方，其体型最大，展现出龙子的尊贵地位。

◎ 延展阅读 ◎

嘲风垂兽：榫钉固瓦的檐角龙魂

古建屋顶的檐角通常根据建筑物等级需要装饰不同数量的屋脊兽。在唐宋时期，屋顶最初只装饰有一只屋脊兽，以后逐渐增加了数目不等的屋脊兽，到了清代形成了如今常见的以“仙人骑凤”为领头的屋脊兽排列规格。最后较大的兽头称为垂兽，形象为龙三子嘲风，是东亚古建筑垂脊上的兽件，它的双角、中间掏空用来固定垂兽桩，内有铁钉，作用是加固屋脊相交位置的结合部，具有钉帽功能，也能防止垂脊上的瓦件滑落。

铁臂嘲风侠

相传，明代时苏州有一位自称“铁臂”的侠客，因看不惯贪官污吏，便自称嘲风神兽，到了晚上悄悄潜入官府盗走赃银，并将铜铃系在房梁上作为标记。久而久之，百姓便称他为“嘲风侠”。最终“嘲风侠”被官兵捉住，在临刑前他笑道：“嘲风本为驱邪，今日倒成了盗铃之贼！”该民间故事以嘲风清除灾祸的威严形象，体现出民众对压迫和贪腐的反抗。

pú láo
蒲牢

蒲牢虽小志气高，
声震九州百妖逃。
鲸伴龙子传佳话，
报福祥音冲云霄。

话说蒲牢

蒲牢
龙的第四个儿子
看起来像龙的迷你版
它身材矮小
胆子也小
声音却大得出奇
每当妖魔鬼怪
对自己造成威胁的时候
蒲牢都会吓得大叫
嘶吼声响彻云霄
声音和真龙无异
直接把对方吓跑

扫码观看
视频讲解

Pu Lao,
the fourth son of the Loong King,
looked like a miniature version of the old King.
He was small in size,
even more so in courage,
yet he possessed a surprisingly loud voice.
Whenever he encountered demons
and monsters causing mischief,
Pu Lao was often scared and wailed loudly,
His soar echoed through the sky,
sounding exactly like the real Loong
which scared away his unsuspecting opponents.

相传
蒲牢最害怕鲸鱼
有意思的是
鲸鱼还偏爱招惹蒲牢
甚至把它从海里逼上了岸
也仍然不“放过”这位朋友

Legend had it
that Pu Lao was most frightened of whales.
Ironically,
whales seemed to enjoy disturbing Pu Lao,
even forcing him out of the sea onto the shore,
and pursuing him tirelessly.

有时鲸鱼悄悄游到岸边
给蒲牢一个“惊喜”
吓得蒲牢大声尖叫
知道它们之间的逸闻趣事后
古人将洪钟上的兽钮铸造成蒲牢的形象
又把撞钟的木杵雕刻成鲸鱼的模样
就像用鲸鱼去撞击蒲牢
使得钟声远扬

Sometimes they would even swim to the shore
and give Pu Lao a "surprise" , terrifying him to shriek.
Knowing the stories between the two amusing foes,
the ancients creatively engraved the image of Pu Lao
on the animal knob of the great bell,
and the image of the whale
on the wooden mallet for striking the bell.
By using the "whale" to strike "Pu Lao",
the bell's sound could be heard far and wide.

虽然蒲牢只继承了龙
吼声震天这一个优点
但它将其发挥得当
同样造福了人间

Although Pu Lao inherited
only one of his father's strengths,
known as "the Loong roar that shakes the heavens",
by wielding it appropriately,
he could also give blessings to the mortal world.

溯源寻根

晨钟暮鼓间回荡的，是龙四子蒲牢的呐喊。这位“大嗓门”虽胆小怕鲸，却把洪亮声音献给了报时的钟杵。它用青铜铸造的喉咙告诉我们：弱点也能转化为优势。当校园钟声响起时，你听见穿越千年的龙吟了吗？

钟鸣鲸跃：蒲牢的声震之谜

我们熟悉的蒲牢，默默地趴伏在青铜钟顶部。对比庞大的钟身，它因身姿较小，经常被钟架或提梁悬绳挡住，以至于人们经常忘记它的存在。只有在有人用鲸杵敲击时，钟声悠远，我们才会想起钟身顶部还有那只被我们称为“龙之四子”的蒲牢，它帮助钟声传得更加悠远。都说蒲牢是龙和蛤蟆结合后生出的儿子，是个十足的胆小鬼，所以只能蜷缩着身子躲在钟的顶部。真的是

太清宫铭铜钟　南宋
浙江省博物馆藏

康熙八卦鎏金黄钟编钟
孔庙和国子监博物馆藏

这样吗？让我们一起来好好认识一下这只胆小、好吼的小神兽吧！

明初文学家刘伯温曾在一首诗中写道：“丰隆咆哮震威怒，鲸鱼犍尾惊蒲牢。”他仅用14个字，便概括了“蒲牢”的特点以及它和鲸鱼的命运纠葛。

在目前可查的文献中，蒲牢之名最早出现于薛综在《西京赋·注》中对《东都赋》中“发鲸鱼，铿华钟”一句进行的解释：“海中有大鱼名鲸，又有兽名蒲牢。蒲牢素畏鲸鱼，鲸鱼击蒲牢，蒲牢辄大鸣呼。凡钟欲令其声大者，故作蒲牢于其上，撞击者名为鲸鱼。”也就是说，蒲牢原本是海里的怪兽，它最害怕海中的鲸鱼，每次看到鲸鱼，就会亮起嗓门大叫。因此后人将撞钟的钟槌雕刻成鲸鱼的形状，而将铜钟的提梁设计成蒲牢造型，认为这样可以提高钟声的音量，让声音传得更远。这样，蒲牢就成了钟上的一种装饰。

九子阙文：明代文人的符号重构

我们从前面两段记载中并没有看到关于“蒲牢”是“龙生九子”之一的内容，这是为什么呢？蒲牢原本与龙并没有关系，如薛综记载，它原本是海中怪兽，惧怕鲸鱼，每次遇到鲸鱼的攻击都会大声吼叫着给自己“壮胆”，而正是因为它吼声震天，最后反而把鲸鱼吓跑了。这么胆小又萌呆的小怪兽，感觉和龙的儿子的身份一点都不搭呢。

蒲牢到底是什么时候进入“龙生九子”文化符号体系的呢？这就不得不说明代一些不太正式的笔记的记载了。明弘治年间，明孝宗朱祐樘有一天读书时看到“龙生九子”的内容，他因弄不清九子的名字，就写了一张纸条，令中官拿去问内阁。当时的内阁大学士即文坛领袖李东阳记得自己年少时曾在一些民间杂书上看到过相关的内容，但记忆恍惚，仓促之间也无法回答。他便去问编修罗玘，罗玘说曾听老师说过，只记得其中五六个名目，于是李东阳又问吏部刘绩。刘绩说家中有一本旧册子，接着说“册面上备录此语”，他取来一看上面果然记有“九子”之名，但却未记出自何书，无从查考。皇帝的垂询不能拖延太久，李东阳无奈，只得凑合“据以复命”，回答说：“龙生九子不

成龙，各有所好……蒲牢平生好鸣，今钟上兽钮是其遗像……”（李东阳《怀麓堂集》）

后来，李东阳的门生杨慎根据考证的资料整理，在自己的《升庵集》中写下了“九子不成龙，各有所好……三曰蒲牢，形似龙而小，性好叫吼，今钟上纽是也”。这也是我们现在经常能看到的说法之一。

从明代李东阳开始，不论龙生九子被不同文人或者著作如何调整，蒲牢这只胆小的神兽，都一直在“龙生九子”文化符号体系中。

畏鲸善鸣是蒲牢的天性。古代工匠将蒲牢铸为钟钮，以鲸形木杵撞击，巧妙地利用了蒲牢畏鲸的寓言，又蕴含人们对钟声传播悠远的期盼。所以，不论是庙堂之上，还是寺观之中，蒲牢便成了承载着中国人礼仪秩序和精神理想的一种符号。

常识中国

明正德时期铜钟

现藏于雍和宫

在雍和宫院内东侧的钟楼内有一口明正德十年（1515）所铸大钟。这口钟外观大气厚重，钟钮就是弓背双头的“蒲牢”，它正紧紧抓住钟身，似有万钧之力。如今，每月农历初一、初八、十五、三十及佛教节庆日，雍和宫均要敲钟，为国为民祈福。

景云钟

西安碑林博物馆藏

西安碑林博物馆收藏着一件“禁止出国（境）展览文物”——景云钟。在盛唐时期，它悬挂在长安城景龙观钟楼上，为长安城内的百姓报时和祈福。景云钟的铭文是帝王亲笔撰写的。景云钟的纹饰展示了盛世的气象。景云钟的声音代表着大唐遗音。

大沽铁钟

大沽铁钟（原样复制品）
滨海新区博物馆藏

大沽铁钟（现状）
天津滨海新区大沽口炮台
遗址博物馆

有一口命途多舛的钟——大沽铁钟，又名“乐威毅公祠”铁钟，是1884年为纪念抗击英法联军壮烈殉国的直隶提督乐善而造，现收藏在天津滨海新区大沽口炮台遗址博物馆。它曾被悬挂在大沽口北炮台。1900年，它被英国士兵作为战利品掠走，存放在英国朴次茅斯市。在经历了长达105年的异地漂泊后，2005年7月20日，这件文物最终被英国政府无偿返还。

它曾经用声音振奋过保家卫国的士气，亲历过流落海外的漂泊。20世纪末，蒲牢钟钮在英国时，曾因遭到盗窃被破坏，已经丢失不见。文物是历史的见证，历经沧桑归来。目前，它立在遗址博物馆，默默地讲述着那一段“国破山河在”“捐躯赴国难”的往事。

◎ 延展阅读 ◎

钟震九霄：蒲牢吼声的建筑声学密码

蒲牢“惧鲸吼钟”的神话实为古人解释铜钟发声的诗意创造。北京钟楼永乐大钟正是这种文化想象的物化典范。重 63 吨的铜锡合金钟体通高 5.55 米 (含 1.05 米蒲牢钟钮)，其卓越的声学性能源于精密计算——钟壁厚度 0.12—0.245 米的渐变设计，配合铜锡合金的杨氏模量 (抗形变能力) 增大。这样既确保了钟体在重击下不易碎裂，又通过适宜的弧度实现声波在钟腔内的持续共振。

古人通过建筑声学强化钟声传播，包括 47.9 米高的钟楼本身构成巨型共鸣箱，23 米高的悬钟高度配合开阔环境形成声波辐射优势；内部拱券走道的弧形墙面构成天然声反射面，砖墙抹灰构造实现大部分声波反射。最具匠心的是大钟正下方 6 米见方的天井，其结构与颐和园的德和园大戏楼“地井”腔体类似，能与它固有频率相同或相近的声音产生共振，既可增加直达声声强，也可以延长混响时间。

suān ní

狻猊

狻猊瑞兽降凡尘，
狮形龙鳞烟火神。
与世无争心自静，
悠悠江海任浮沉。

话说狻猊

老话常说
龙生九子
子子不成龙
在龙的儿子中
有像嘲风这样
喜欢飞来飞去的
还有像狻猊这样
喜欢稳坐不动的
作为第五个儿子
狻猊继承了
龙稳如泰山的优点

An old saying goes,
" The Loong gave birth to nine sons,
but none of them became Loongs. "
Among the Loong's sons,
there were those like Chao Feng
who enjoyed flying around,
and also those like Suan Ni
who loved sitting motionlessly.
As the fifth son,
Suan Ni inherited
the dignified demeanor of the Loong,

扫码观看
视频讲解

因此
古人很喜欢它
特意把狻猊雕刻在自家香炉上
让它享受烟火香熏
当龙带着狻猊
到了文殊菩萨那里
菩萨立刻看出了狻猊身上
有种难得的品质
有定力

therefore,
the ancients loved him so much
that they carved images of Suan Ni on their censers,
for him to enjoy the scent of smoke and fire.
When the Loong took Suan Ni
to the front of the great Master Manjusri,
the Bodhisattva immediately saw the virtue
that this child possessed-
the power of concentration.

因此
菩萨把狻猊收到门下当了坐骑
传说
狻猊曾经一动不动地躺在海滩上
晒太阳时
有些胆大包天的渔民用石子砸它
有些人甚至走到跟前
去拍它
打它
甚至用鱼叉去捅捅它

As a result,
he took Suan Ni under his wing as a mount.
Legend has it
that when Suan Ni once lay motionlessly on the beach,
basking in the sun,
some bold fishermen threw shells at him from a distance.
Some even dared to approach him,
patting,
beating,
and even stabbing him with harpoons.

事实上
狻猊很轻易就可以吓退这些不礼貌的人
但是它选择不予理会
狻猊仍旧不动如山
晒着它的太阳
无论是否有干扰
狻猊始终能够保持定力做自己想做的事
面对生活中的困扰
保持定力
静水流深
亦是一种智慧

In fact,
he could easily intimidate these impolite people,
but Suan Ni chose not to react.
Suan Ni maintained as still as a mountain,
continuing to bask in the sun.
Amidst disturbances or in peace,
Suan Ni always maintains his composure.
In the face of myriad trouble in life,
keeping a state of calmness is also a kind of wisdom.

溯源寻根

香炉升起的青烟中藏着龙五子狻猊的身影。这位喜静不喜动的“文静守护者”，总在烟火中冥想修行。佛座下的莲花、铜炉上的祥云，都是它参透的天地密码。在快节奏的今天，狻猊教会我们：静默中也能生长出智慧。

古籍溯源：狻猊与西域狮子的渊源

目前考古资料中，狻猊这个名字最早见于《穆天子传》。这部完成于先秦的文献中记载的故事，兼具史料价值和奇幻色彩，讲的是西周第五位天子周穆王（生活于公元前1000年左右），在位五十余年间，驾驭八匹骏马从宗周出发开始西巡，越瀍（chán）水，渡黄河，过贺兰山，经祁连山，直至西王母之邦的故事。

这是我国较早关于一场旅行的文字记载。书中对周穆王这场浩荡旅途中的行程记载详尽，对各地的风土人情、奇珍异兽也有描述，其中就有关于狻猊的记录。原文为：“名兽使足：□走千里，狻猊□野马走五百里。”我们能从这段记载中看出，狻猊是一种擅长奔跑的神兽，与野马齐名，每日能够行走五百里。晋代学者郭璞在为这段文字的注释中指出：“（狻猊）即师子也，出西域。汉顺帝时，疏勒王来献犎牛及师子。”

中国最凶猛的动物应该是老虎，因为中国并不出产狮子。从郭璞这段记载得知，狮子这种漂亮的大型猫科动物是由西域传入的。狮子在刚传入时写作“师子”，随后才增加了表示动物（尤其是哺乳动物）的反犬旁，变成现在通用的写法“狮子”。

不仅郭璞认为狻猊就是来自西域的狮子，兼具字典和百科全书性质的古书《尔雅》中也有类似的记载。《尔雅》中专门介绍大型动物的章节《释兽》中记载：“狻麑（ní）如虦（zhàn）猫，食虎豹。”虦猫，意思是毛色较浅的老虎。中国古人因为不认识狻猊（狮子），所以只能用自己熟悉的动物来解释。狮子身上没有花纹，毛色为浅黄色，于是在古籍中被解释为“浅毛色的老虎”。古人认为这种外来的野兽更加凶猛，以虎和豹为食。

《汉书·西域传》记载，乌弋山离“有桃拔、师子、犀子”。乌弋山离，位于今阿富汗境内。这里天气炎热，出产有长颈鹿（桃拔）、狮子（师子）、犀牛（犀子）等动物。颜师古注云：“师子，即《尔雅》所谓狻猊也。”可以看出，在早期文献中，人们一直认为狻猊即狮子。

文献考据：明代典籍对狻猊形象的定型

随着“龙生九子”具体名称和形象的确认，人们逐渐改变了对狻猊的形象认知。自从“龙生九子”的传说逐渐清晰并广泛流传开来后，很多版本的九子之名都出现了，但都不如李东阳在其著作《怀麓堂集》中记载的版本影响深远。

李东阳的《怀麓堂集》中载，狻猊是龙的第五子，“平生好坐，今佛座狮子是其遗像”。《菽园杂记·古诸器物异名》中记载：“金猊，其形似狮，性好火烟，故立于香炉盖上。”其后的杨慎在《升庵集》中基本照搬了这一说法，只是将狻猊从龙的第五子改为第八子。

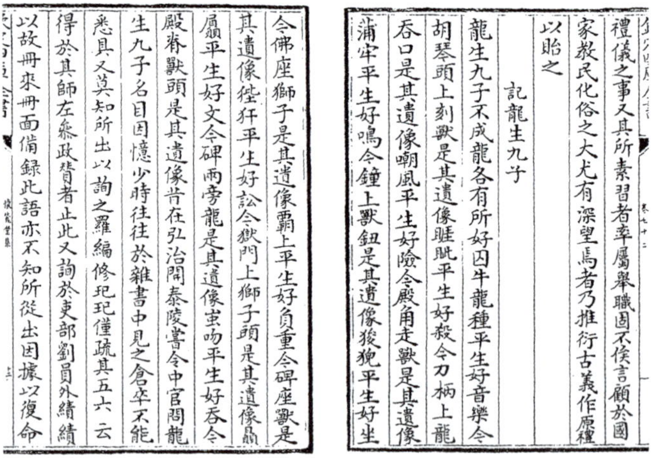
禮儀之事又其所素習者幸屬舉職固不俟言顧於國家教民化俗之大尤有深望焉者乃推衍古義作原禮以貽之

記龍生九子

龍生九子不成龍各有所好囚牛龍種平生好音樂今胡琴頭上刻獸是其遺像睚眦平生好殺今刀柄上龍吞口是其遺像嘲風平生好險今殿角走獸是其遺像蒲牢平生好鳴今鐘上獸鈕是其遺像狻猊平生好坐今佛座獅子是其遺像霸上平生好負重今碑座獸是其遺像狴犴平生好訟今獄門上獅子頭是其遺像贔屭平生好文今碑兩旁龍是其遺像蚩吻平生好吞今殿脊獸頭是其遺像昔在弘治間泰陵嘗令中官問龍生九子名目因憶少時往往於雜書中見之倉卒不能悉具又莫知所出以詢之羅編修玘僅疏其五六云得於其師左參政贊者止此又詢於吏部劉員外績以故冊來冊面備録此語亦不知所從出因據以復命

〔明〕李东阳《怀麓堂集》中记载的“龙生九子”

明清定型：建筑中的独立神兽象征

正如李东阳所述："龙生九子不成龙，各有所好。"作为龙与狮子所生之子，狻猊同时具备了两种动物的特点，除了有狮子的体型、四肢、鬃毛外，狻猊的身上也逐渐增加了龙鳞和龙角。作为"九子"中的一员，在明、清两代，人们已明确把狻猊和狮子区分开来。我们在故宫太和殿的屋脊上，能看到依次排列的十种神兽：龙、凤、狮子、天马、海马、狻猊、押鱼、獬豸、斗牛、行什。其中，狮子与狻猊已经是两种完全不同的神兽，它们共同守护紫禁城这间规模最高的殿宇。

故宫太和殿屋脊兽

常识中国

青釉狻猊出香熏炉

北宋耀州窑青瓷代表作，孟氏家族墓出土。双层结构，狻猊是器盖，须弥座上的莲瓣是炉身。狻猊口吐烟霭，炉身的莲瓣纹饰象征佛国净土。整个熏炉釉色青润如玉，展现了宋代文人的雅趣与狻猊“喜烟火”的祥瑞寓意。

陕西省考古研究院收藏

新泰市博物馆藏
魏心颖摄影

白釉瓷狻猊盖香熏

南宋景德镇窑青白瓷。1996年新泰市禹村镇大生寺塔基地宫出土，国家一级文物。狻猊昂首，张口怒目，蕉叶尾上翘。

白釉狻猊炉盖

朝阳市北塔博物馆藏
孙静蕊摄影

此件狻猊炉的炉身缺失，但我们从仅存的炉盖上能看出这只狻猊的造型饱满、健硕，极具神韵。狻猊头上有卷曲的鬃毛，脖子带着有绒球和铃铛的项圈，装饰意味十足。它出土于朝阳北塔的地宫中，可见狻猊作为佛教护法神兽的地位。它与香炉作为佛前供器融为一体，象征意味和实用器的完美结合。

唐宋之时，这种狻猊形状的香炉深受文人雅士的喜爱。狻猊香炉多为上、下两层，下层为莲花状的炉身，上层为蹲踞的狻猊：莲花代表着佛教的圣洁；狻猊象征着勇猛威严，也有驱邪护法的寓意。狻猊身中空，在炉身燃香后，烟要从狻猊口中出，所以宋人称这种香炉为“狻猊出香”。狻猊香炉的材质多样，铜制、瓷质居多，定窑、耀州窑、景德镇窑、吉州窑等皆生产狻猊香炉。

◎ 延展阅读 ◎

守护象征：狮子的中国化与造型流变

从西汉起，出自西域的狻猊（狮子）作为奇珍异兽，已成为进献皇帝的贡品之一，也是中国与西域各国往来的重要实证。如《后汉书·西域传》中提到，安息国（今伊朗一带）国王多次向汉章帝和汉和帝进献狮子。因为人们相信这种外国来的神兽“狻猊”可以吃掉老虎和豹子，当然也可以震慑鬼魅，看守宅院。自汉代以来，无论是皇帝居住的宫殿、百姓居住的宅院，还是神仙的庙宇、死者的陵园，门口都有一对看门的狮子。

由于大多数人都没有见过狮子真正的模样，所以各个时代和地域的狮子造型也有些区别。但在宋代以后，门口的蹲狮基本形成了方向和样式的规范。如果面朝门外的话，公狮子在门左侧，脚踩绣球，代表一统寰宇的权力；母狮子则在门右侧，脚下为幼狮，代表着子嗣绵延。可正因为工匠没有见过真正的狮子，也并不知晓自然界中只有公狮会有鬃毛，所以门口两只狮子都是有长卷毛的造型。在皇家殿宇的门口，狮子多为石制或青铜制的大型圆雕，凸显非凡的地位与气势。在一般民宅中，狮子的体量要大大缩减。

6 赑屃（bì xì）

亀身龙首力无穷，
移山倒海显神通。
九州大地除水患，
赑屃功德载史中。

话说赑屃

龙的第六个儿子
赑屃
又称霸下
体形巨大
这家伙长着龟身龙首
这使它看起来十分威武
相传
赑屃最喜欢背负重物
在大禹治水的时候
赑屃就喜欢
背着三山五岳
在各大江河湖海中
到处乱窜

扫码观看
视频讲解

The sixth son of the Loong King,
Bi Xi,
also known as Ba Xia,
was massive in size.
He had a turtle-like body and a Loong's head,
making him a formidable presence.
Legend has it
that Bi Xi was very fond of carrying heavy loads.
When Yu the Great managed to control the floods,
Bi Xi roamed through all the rivers,
lakes and seas,
carrying the Three Legendaru Mountains
and Five Sacred Peaks
on his back.

因此
大禹决定
水先不治了
先治治赑屃这小子
经过大禹的一通教导
赑屃还真成了治水先锋
推山 开河 疏浚 挖渠
水患解决后
大禹担心
赑屃又犯老毛病
于是
大禹就让赑屃背着
记载着治水功绩的石碑

So,
Yu the Great decided
that before further managing the waters,
he needed to tame this rascal creature.
With Yu's instruction,
Bi Xi finally became a pioneer in water management.
He pushed mountains aside,
opened up rivers,
and dredged channels.
After the water-related disasters were resolved,
Yu the Great worried
that Bi Xi might revert to his old habits.
Thus,
he had Bi Xi bear a stone tablet
inscribed with records of all his
achievements in water control.

久而久之
让赑屃来驮这些
歌功颂德的石碑
成了一种独特的文化现象
意在依靠它的神力
让这些功德千秋永存
直到今天
很多碑下
还都能看到这位“大力士”的身影

As time passed,
it became a folk custom
for people to have Bi Xi carry tablets
with inscriptions of achievements and virtues,
hoping his divine power would ensure
that these meritorious deeds would endure for eternity.
To this day,
the figure of this "Hercules"
can be seen beneath many stone tablets.

神龟虽寿
犹有竟时
即便是石碑上的文字
也会有消失的一天
但碑文中所记载的精神不会湮灭
无论是大禹的公而忘私还是赑屃的坚定不移
都将随着龙生九子的传说
永远留存下去

Although the immortal turtle may live long,
there comes an end to everything.
Even the most enduring inscriptions on stone tablets
shall one day vanish.
Yet the spirits enshrined within them shall not fade.
Such spirits,
whether the selflessness of Yu the Great
or the steadfastness of Bi Xi,
shall endure alongside the legendary
nine sons of the Loong King.

溯源寻根

石碑下的赑屃，是龙族六子，也是龙族的大力士！它用甲壳托起的不只是石刻文字，更是中华文明的记忆。传说大禹治水时，它曾驮来息壤平息洪水。当我们抚摸碑文时，是否能感受到这份跨越千年的文化担当？

神话溯源，初窥雏形

赑屃，又称霸下、驮碑龟等，形似龟，好负重，力大无穷，碑座下常是其形象。在诸多神话故事里，赑屃被描绘为龙的第六子。赑屃的形象最早与巨鳌密切相关。《山海经》载巨鳌背负仙山的神话，为后世赑屃的负重特性奠定原型基础。相传上古时代，赑屃常驮着三山五岳，在江河湖海里兴风作浪。后来大禹治水时收服了它，它凭借着自身强大的力量，背起巨大的石块，协助大禹，推山挖沟，疏通河道，治理水患。洪水被治服了，大禹担心赑屃又到处撒野，便搬来刻有赑屃治水功绩的顶天立地的特大石碑，叫它驮着。沉重的石碑压得赑屃不能随

便行走。这一传说在《淮南子》等古籍中虽未直接提及，但在民间口口相传，成了早期人们对赑屃印象的重要来源，也赋予了赑屃治水功臣的形象。邹平市博物馆藏明代石碑记载其“推山挖沟，疏通河道”的功绩，这种治水功臣形象虽未见于正史，却在地方志与口传文学中广泛流传。

“赑屃，负重，其形如龟。”是较为明确地对赑屃形态和习性的早期记载。从这里我们可以初步了解到：在古代文献中，赑屃从一开始就与负重紧密相连，其外形与龟相似。这为我们勾勒出了它的基本轮廓。赑屃虽与龟十分相似，细看却有差异，赑屃有一排牙齿，而龟类却没有；赑屃和龟类背甲上甲片的数目和形状也有差异。赑屃还是长寿和吉祥的象征。东汉张衡在《西京赋》提到“巨灵赑屃，高掌远跖，以流河曲，厥迹犹存”，“赑屃”一词即由此而来。西晋左思《吴都赋》中的描述更是显示出其作为力量象征的早期文化定位。

形态变迁，寓意更迭

南北朝时期，龟形碑座开始流行，《南齐书·礼志》记载“碑用石龟趺”制度。至唐代，《唐六典》规定五品以上官员墓前可置龟趺碑，此时赑屃造型写实，四肢健硕，背甲刻画符合生物学特征。宋代《集韵》将赑屃释为鳌，丁度的考证使其神格进一步提升。值得注意的是，《营造法式》将赑屃与鳌分属碑首、碑座，这种官方建筑规范直接影响了明清皇陵建制。元代因避讳龟文化，赑屃开始向龙化演变。武当山明成祖圣旨碑的赑屃已具龙首特征，双角显现，甲纹趋于抽象。当代学者在湖北武当山发现明代赑屃碑座内部藏有铜钱、五谷的“腹藏”现象（《武当山古建筑研究》），这种营造技艺既符合“神龟吐宝”的民间信仰，又暗含“社稷永固”的政治隐喻。从商周青铜纹样到明清皇家石刻，赑屃完成了从自然生物到文化符号的千年嬗变，成为中华文明负重前行的永恒象征。

至清代，承德避暑山庄赑屃完全呈现“龙首麟身”形态，这种艺术加工折射出封建皇权对祥瑞符号的改造。故宫太和殿前铜龟虽名龟实为赑屃，其龙形特征彰显了等级制度。

常识中国

兽面纹铜罍

铜器　商代文物　高 24.5 厘米　口径 13 厘米
河南博物院藏

这类青铜器上的龟形纹样，被学者视为赑屃的原初形态。商周时期的龟崇拜十分盛行，《礼记》记载“麟凤龟龙谓之四灵”，龟因其长寿和背甲的神秘纹路，被视为沟通天地的媒介。

大明孝陵神功圣德碑

“大明孝陵神功圣德碑”是明永乐十一年（1413）建成的，其碑座呈现典型的龙首赑屃造型：头部生出龙角，颈部覆盖鳞片，爪部化为龙趾（《明实录》）。这种改造契合了朱元璋强化皇权神授的政治需求，将帝王功绩与龙族血统相联结。

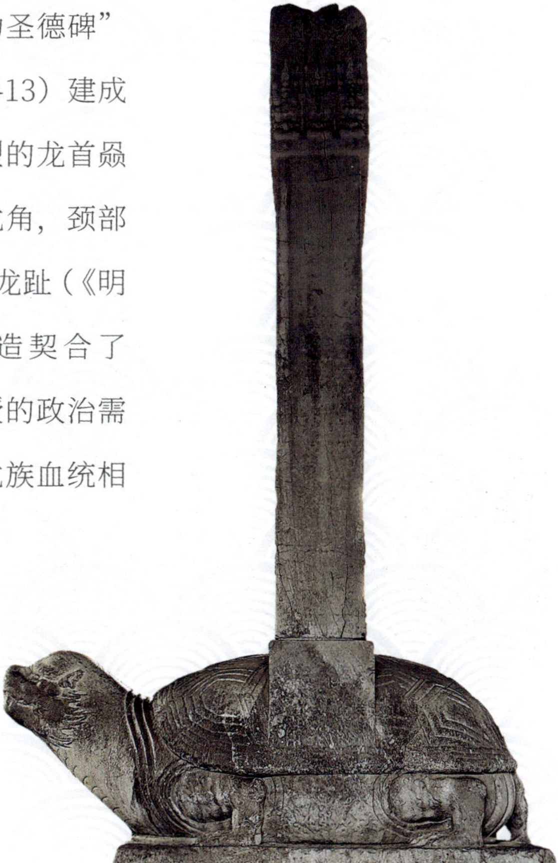

曲阜孔林石碑

在曲阜孔林，178 通元明清御制石碑均由赑屃承托，构成独特的文化景观。这些石碑平均重达 16 吨，最重的清雍正修庙碑超过 60 吨。工匠采用“掏膛法”减轻负重，龟甲纹路由传统的六边形演变为象征“九五之尊”的九宫格排列。

西安碑林

西安碑林的赑屃驮碑是典型的“龟趺碑座”形式。赑屃位于石碑底部，以龙头、龟身、麒麟尾的形象呈现，头部有角，身躯厚重，四肢粗壮，表现出极强的负重感。

◎ 延展阅读 ◎

赑屃：负重千年，祥瑞传承

赑屃的造型多强调“负重”与“威严”。早期（五代、唐宋）侧重写实，如正定出土的五代赑屃憨态可掬；明清则融入更多龙元素，突出皇权象征，如武当山赑屃的龙首与碑顶螭首形成“双龙护碑”的等级标志。

赑屃元素也广泛存在于民间建筑中，如寺庙碑座、拴马桩（如西安碑林外的宋代石桩雕刻人物与赑屃纹饰）。民间工艺品常以玉石、陶瓷制成“龙头龟”摆件，寓意长寿吉祥，如福建沿海地区的妈祖庙中常见小型赑屃驮碑装饰。赑屃在民间被视为“镇煞迎福”的祥兽。例如，位于台湾省的赤崁楼保存的清代九座御龟碑，赑屃造型融合汉文化与地方信仰，成为民众触摸祈福的对象。此外，赑屃的“厚德载物”精神也被融入现代艺术，如园林景观中的仿古赑屃雕塑，延续了传统文化内涵。

7

bì 'àn

狴犴

狴犴忠义气冲天，

善恶分明辨忠奸。

刚正不阿公堂立，

英名在世广流传。

话说狴犴

狴犴
龙的第七个儿子
其形似虎
它这辈子追求的
只有三件事
公平
公平
还是公平
正因为如此
狴犴又被称为
宪章
它行事也如其名

扫码观看
视频讲解

Bi An,
the seventh son of the Loong King,
takes the form of a tiger.
Throughout his life,
he unyieldingly pursues only three things:
fairness,
fairness,
and more fairness.
Because of this,
Bi An is affectionately referred to
by the nickname "Xianzhang" ,
meaning "Charter".

传说
有位正直的典狱官名叫犴裔
他为官正直
深受百姓爱戴
但他的铁面无私也招致奸人怨恨
这些恶人合谋
给犴裔定了一个“莫须有”的死罪
可在行刑当天
法场上突然天昏地暗
狂风四起
人们抬头望去
狴犴从天而降救下犴裔并惩治了恶人

As legend has it,
there was an esteemed prison warden named An Yi.
His upright nature and commitment to impartial justice
made him beloved by many,
but it also sowed seeds of resentment among the wicked.
These evildoers conspired
and framed An Yi with a false charge.
The day of his execution arrived,
an eerie darkness enveloped the sky,
and fierce gales swept across the ground.
The crowd watched in awe as a divine beast,
Bi An descended from heavens.

后来
为了让这位龙子继续庇佑大家
狴犴就被请到凡间
公堂之中
它的形象随处可见
狱门之上
署衙两侧
肃静牌上都有狴犴的身影
所以它在民间既有主持公道之意
又起震慑奸佞的作用

Thereafter,
to celebrate his commitment to equitable verdicts,
Bi An was summoned to serve in the human world,
particularly within the halls of justice.
His image could be found everywhere:
adorning the portals of jails,
guarding both sides of the main court hall,
and featuring prominently
on the placards commanding silence,
known as the "Silence" boards.
Thus,
he acted both as the embodiment of justice
and a deterrent against the cunning and the corrupt.

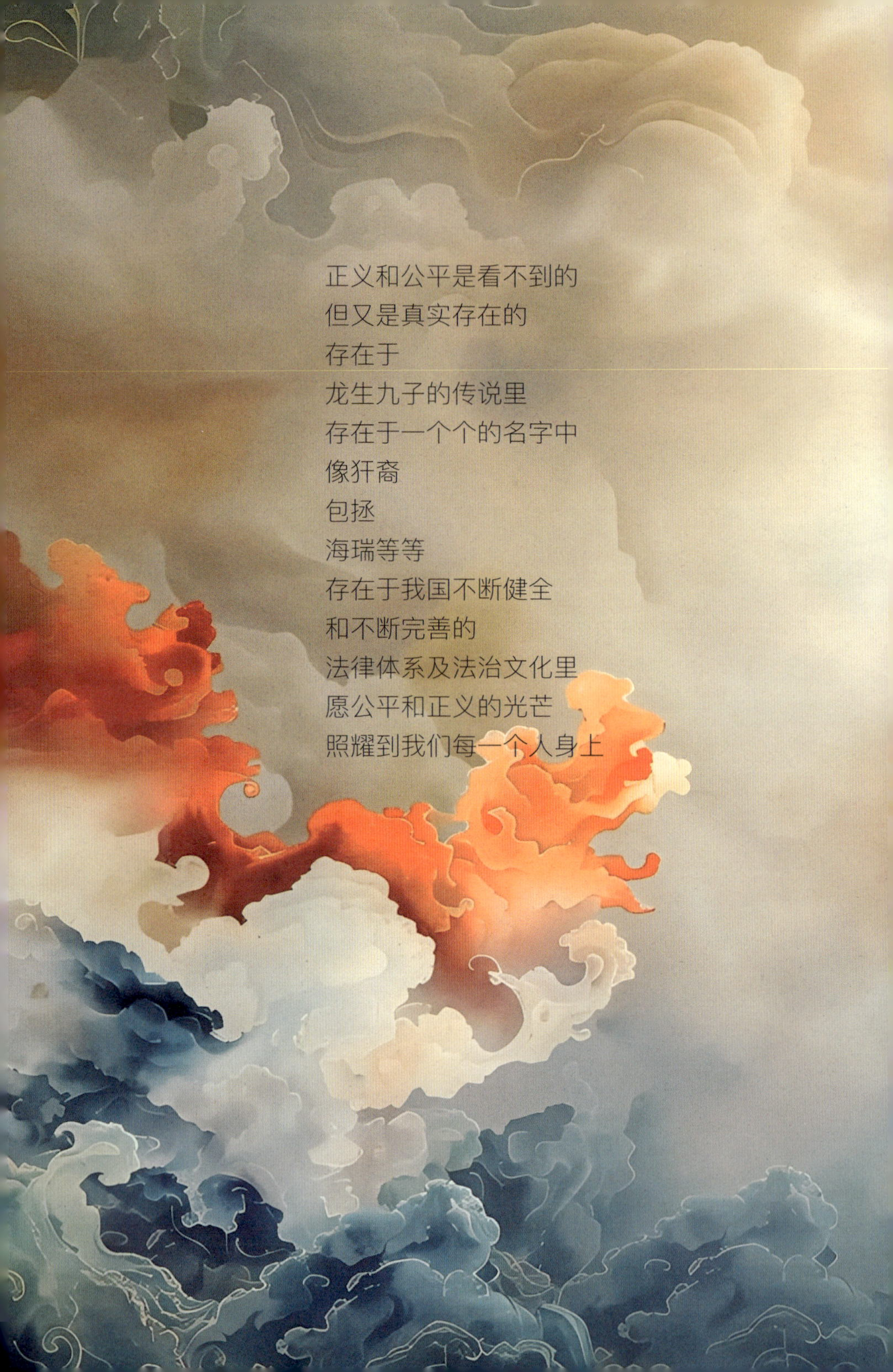

正义和公平是看不到的
但又是真实存在的
存在于
龙生九子的传说里
存在于一个个的名字中
像犴裔
包拯
海瑞等等
存在于我国不断健全
和不断完善的
法律体系及法治文化里
愿公平和正义的光芒
照耀到我们每一个人身上

Justice and fairness are invisible,
yet truly existent.
They reside in the legends of
the nine sons of the Loong King,
embodied in their illustrious names,
such as An Yi,
Bao Zheng,
Hai Rui, and others.
They are embedded in the ever-evolving
and improving legal system,
and the culture of rule of law in China.
May the light of fairness and justice shine
upon each one of us.

溯源寻根

衙门前的威严神兽——龙七子狴犴是正义的化身。它双目如炬，能辨善恶，利爪似钩，专擒奸邪。这位“法官”提醒我们：真正的公平既要像虎般刚正，也要像龙般明察。你发现现代法院里也有它的身影了吗？

神话起源与早期文献

狴犴，又名宪章，位列龙生九子中的第七，其形象融合了神话信仰与司法象征，成为中国传统文化中独特的符号。东汉学者王充在《论衡》中提及“龙生九子，各有所好”，虽未具体命名，却为后世考据狴犴的起源提供了重要线索。

先秦至汉代的考古资料中，虎形纹饰常见于青铜器与玉器，多象征权力与守护。而狴犴形象可能是古人将虎的威慑力与龙的神性结合的产物，以强化司法权威的至高无上。此外，北方游牧文化中“犴”指代猛犬，常用于看守营地，这一意象被融入狴犴之名，暗喻牢狱的森严与司法的公正。

明代的杨慎在《升庵集》中是这样描述狴犴的：“四曰狴犴，形似虎，有威力，故立于狱门。”李东阳的《怀麓堂集》进一步补充：“狴犴好讼，平生好讼，今狱门上狮子头是其遗像。”值得注意的是，龙生九子中其他成员如囚牛、睚眦等，多与艺术或武力相关，唯独狴犴与司法紧密相连，这一特殊性或与其形象密切相关。狴犴以虎为形，以龙为神，既承袭了龙的神圣性，又借虎的威严彰显了法律的不可侵犯。

形态演变与文化寓意

汉代至魏晋时期，狴犴形象多表现为虎首龙身，常见于青铜器铭文与墓葬壁画。南北朝时期佛教传入后，其造型受狮子影响，头部更显威猛。

唐代《唐六典》记载“狱门绘狴犴”，其形象正式成为司法机构的标志。

宋代以降，随着司法制度趋于完善，狴犴与獬豸开始共存于官衙装饰中。据《宋史·舆服志》记载，州县衙门常“刻狴

犴于门扉，铸獬豸于印钮”，二者分工明确：獬豸象征审判的明辨是非，狴犴则强调刑罚的威严不容挑战。

明清时期，狴犴的形象进一步固化，狴犴逐渐定型为虎头、龙角、狮鬃、豹身的复合神兽，常见于衙署大门、牢狱石雕。其图案除出现在狱门外，还广泛出现在官服补子、刑具乃至牢狱建筑的浮雕中。例如，北京明清刑部大堂的梁柱上曾雕有具怒目圆睁之态的狴犴，寓意“法眼如炬”。此外，民间戏曲中，狴犴常被拟人化为铁面无私的判官角色，如《包公案》中“虎头铡”的传说便隐含其意象。

社会信仰与文化关联

对狴犴的崇拜折射出古代“以刑止刑”的法家思想与“天命威严”的儒家伦理。

从思想渊源而言，狴犴崇拜体现了古人“外儒内法”的治理智慧：《韩非子·难三》中的法家理念，通过狴犴、獬豸般的凶猛形象获得具象化表达；而《尚书·皋陶谟》“天命有德，五服五章”的儒家伦理，则赋予其“代天行罚”的神圣光环。这种复合型意识形态在《唐律疏议》中得到制度确认，“德礼为政教之本，刑罚为政教之用”，这恰与狴犴兼具仁兽威严与刑具震慑的双重面相形成互文。

《易经·噬嗑卦》的诠释体系为狴犴符号提供了哲学支撑。噬嗑卦上离下震的卦象，既暗合“明照四方”的司法透明要求，又象征“雷霆万钧”的刑罚威慑效应。北宋理学家程颐在《伊川易传》中阐发：“噬嗑者，治狱之道也。明而能断，威而能照。”这种阐释将狴犴塑造为卦象的具身化存在，使抽象义理转化为可视的司法图腾。

狴犴的形象在民间文化中也有体现。江南地区有“虎头牢”的俗谚，喻指牢狱不可擅入；华北民间则传说狴犴能吞噬谎言，故除夕夜贴其画像于门楣以驱邪。此外，道教将狴犴纳入雷部神系，称其可“摄伏群魔”，进一步丰富了其神格。

河南开封府大堂

位于河南省开封市包公东湖北岸，占地面积 60 多亩，是北宋管理国都及京畿地区的重要机构，被誉为“天下首府”。开封府又称南衙，初建于五代时期梁开平元年（907），由于战火毁损和黄河水淹，昔日的开封府已无存。现在的开封府是以宋代开封府衙为原型修建的文化游览区。

湖南铜官都司署

湖南铜官都司署位于长沙铜官窑遗址旁，为清代衙署遗存。狴犴浮雕镶嵌于正堂照壁，高 1.2 米，张口怒目，爪按卷宗，寓意“法不容情”。其造型融合了湘楚木雕的流畅线条与官式建筑的庄重。

肃静牌

（局部）

“肃静”牌（或“肃静”“回避”牌）是官仪文化的重要组成部分，主要用于彰显官威、维护秩序。最早可追溯至周代“警跸”制度（清道戒严），至明清形成固定仪仗制式。明清时期州县官出行必设“肃静”“回避”牌，使其成为官衙仪仗的标配。

河南开封府狱门

宋代开封府有处决死刑犯的权力，但处决死囚有固定的日期。已判死刑等待处决的罪犯就关押在“死牢”。

◎ 延展阅读 ◎

画地为牢

成语“画地为牢”，出自西汉司马迁《报任安书》，意思是在地上画一个圈当作监狱，比喻只准在指定范围内活动，引申为严格执法。

传说狴犴能划定结界，令罪人无法逃脱，是中国古代“天刑观”的具象表达。其虎首龙身的混种形态暗示着司法权力的双重属性——既具备虎的威慑力，又蕴含龙的超自然权威。

狴犴的传说折射出中华文明对秩序建构的独特认知：法律不应是冰冷的机械装置，而应成为融合天理、国法、人情的有机体系。在推进法治现代化的今天，“画地为牢”的古老智慧提示我们：真正的法治尊严，既需要狴犴般的威严，更离不开植根人心的道德认同。

正气歌

文天祥在《正气歌》中写道：“天地有正气，杂然赋流形。下则为河岳，上则为日星。”在历史上，狴犴正是作为“正气”的化身。狴犴代表的“正气”，并非单一的道德符号，而是中华文明中天理、法度、伦理交织而成的复合型精神图腾。

fù xì

负屃

斯文龙子爱文章，
敏而好学游四方。
真龙浮碑添韵彩，
千秋佳作永流芳。

话说负屃

龙的第八个儿子
名叫负屃
它热爱文学
最大的爱好
就是舞文弄墨
雅号文龙
妥妥的
天界文艺青年

扫码观看
视频讲解

The eighth son of the Loong King,
named Fu Xi.
He had a great passion for literary pursuits,
from calligraphy and poetry composition
to rhyming couplets.
Known as the "Literary Loong" ,
he could aptly be characterized
as a celestial bookworm.

传说
为了能写出惊世文章
也为了在天地文坛
留下浓墨重彩的一笔
负屃变成一位
文人公子
周游天下
在遍寻奇文的过程中
它在一块残破的石碑之上
发现了一篇传世佳作
赞叹之余
更不免惋惜
如此佳作竟被埋没

Legend has it that
in order to write a breathtaking piece
that would leave a profound mark
both on the mortal and immortal realms,
Fu Xi incarnated himself into
a cultivated young nobleman,
and embarked on a worldwide odyssey.
In search of extraordinary works
he discovered a timeless masterpiece
inscribed upon a weathered stone tablet.
Overwhelmed with admiration,
he couldn't help but feel
a sense of regret and sorrow
that such a masterpiece had been overlooked.

负屃转念一想
纵然我写不出如此佳作
但我可以帮它传播
想罢 负屃便现出真身
盘旋于残碑之上
果然真龙现世
引来众人围观
这篇佳作也终于被世人所发现

He quickly pondered,
"Though I may not possess
the genius to create such a work,
I can certainly help endorse it."
Fu Xi revealed his true form,
coiling around the broken tablet.
The emergence of the genuine Loong
attracted a crowd of onlookers,
and this masterpiece was noticed by the world.

此后
人们在树碑立碣之时
往往都会将负屃雕刻在石碑的顶端
一来求得负屃庇佑
二来满足它对文学的渴求
人都有爱好
但有几人能够把自己的爱好做到极致呢
根本没有所谓的绝招
真正的绝招就是奉献
将一生奉献给你所热爱的一切

Since then,
when erecting monuments or inscribing tablets,
people often carved Fu Xi atop them,
seeking his protection and blessing
while catering to his literary cravings.
Each of us has a passion for something,
but how many of us fully dedicate ourselves
to our passion?
There's no such thing as a secret skill.
The ultimate secret lies in devotion.
Fully devote yourself
to everything you passionately love.

溯源寻根

盘踞碑顶的八子负屃，是龙族最儒雅的学者。它用身躯缠绕文字，将诗词歌赋刻进鳞片，连清风翻动书页都像在与它对话。这位“文化守护者”告诉我们：文明的火种，需要温柔而坚定的力量来传承。

负屃之得名

明代礼部侍郎兼文渊阁大学士李东阳《怀麓堂集》所载《记龙生九子》的札记中有“负屃，平生好文，今碑两帝龙是其遗像”的记载。据明代沈德符《万历野获编》记载，“负屃好文，今为碑两旁蜿蜒”。明《对类》卷五记载“屓赑，此兽好文，今石两旁龙是也”。清代王士禛《香祖笔记》第九卷记载“屓赑好文，在碑两旁”。明代陈洪谟的《治世余闻》卷之一载“一曰负赑，好文，今石碑两旁龙是”。

20世纪80年代，报刊书籍中广泛使用“负屃”表示碑额之上龙形雕刻。“负屃”的名字和概念逐渐为大众认知并接受。

“负”字除了有“背负”的意思，还有“抱”的意思，如“抱负”表示远大的志向和理想。“屃”字原义是“有力”。从字面和石雕形象上，也可以对“负屃”的含义加以理解。

负屃探源

负屃作为文学和文字爱好者的形象，在古人的著作中已经被广泛认可。闪耀艺术光彩的碑文，既有优美的书法，也有文采斐然的文字，都是负屃最爱。在碑额之上雕刻负屃的形象，为的是让神兽负屃长久守望珍贵的文字，使其发扬光大，以传后世。

由于负屃大部分是头向下，故民间也有他从天而降，想一睹碑文的神采和美妙，最终被碑文的魅力吸引而不愿离去之说。

既然负屃的造型出现在石碑上，我们就从碑碣发展中寻根溯源。中国碑碣文化历史悠久，古人最早在石头上刻画案，可以追溯到新石器时代岩画。东汉时期，随着树碑立传之风兴起，“碑首、碑身、碑座”的典型形制确立，具有独立意义的碑出现。

最初，碑座以方形趺座为主体，碑首有圭形、方形和圆形。汉灵帝光和六年（183）的《王舍人碑》出现了龟趺[1]，圆形碑首也开始出现三道晕纹。晕纹围成的半弧中间，即碑额题字位置。此后，晕纹端部出现螭首，晕纹则变成螭身。螭纹开始成为圆首碑的标配，不仅具有更强的装饰性，也增加了神圣感和神秘感。

[1] 刘海宇．汉碑的形制与谶纬思想 [J]．齐鲁学刊，2011(2):35-41.

《易·系辞》说："河出图，洛出书，圣人则之。"东汉郑玄认为，黄河通于乾道则有神龙负天图而出，洛水通于坤道则有神龟负地符而出。圆首上刻半环形晕纹或螭龙象征龙吐符瑞的"河龙出图"，方趺或龟趺象征"洛龟出书"，表示碑文颂辞自天而降。自此，"螭首龟趺"成为碑的形制上具有典型意义的概括。[1]

《广雅》曰："无角曰螭龙，有角曰虬龙。" 螭纹最早见于商周青铜器上，也是春秋战国和汉代玉器上的主要纹饰。就现存螭首碑上的形象来看，螭呈龙形，且有角，故一般俗称螭龙，[2]如著名的泰安岱庙中的《张迁碑》，碑首即装饰有螭龙。[3]

魏晋南北朝时期，特别是孝文帝汉化改革之后，随着佛教造像碑与汉地碑刻传统形式相融合，中轴对称、圭形碑额、六螭下垂、二龙拱珠作为典型的螭首造型样式在北朝晚期形成。

隋代，火焰宝珠的形象开始出现在碑首中央的两龙后足对峙位置。

---

[1] 王文广．中国古代碑之设计[D]．苏州大学，2012.
[2] 赵汗青．龙走铭石：中国古代螭首碑的起源与形成[J]．艺术设计研究，2022(6):102-107.
[3] 刘海宇．汉碑的形制与谶纬思想[J]．齐鲁学刊，2011(2):35-41.

唐初，龙体的塑造更加饱满，龙鳞的雕刻更加细致，龙尾的缠足形态更加稳定。盛唐以后，火焰宝珠被抬高至碑顶位置，龙尾的缠绕状态更加突出。[4]

宋元以降，基本沿袭唐制。及至明清，碑石形制臻于极致。明清两代皇帝功德碑仍为龟趺螭首形制，碑首仍为六螭下垂式。由此可见，螭龙作为负质原型，具有一定的文化基础。

[4]赵汗青．龙走铭石：中国古代螭首碑的起源与形成[J].艺术设计研究，2022(6):102-107.

常识中国

河南嵩阳书院石碑

立碑于唐天宝八年（749）
现存于河南省登封市嵩阳书院内

现存最大的唐代碑刻之一，由李林甫撰文，由徐浩隶书。其碑顶圆雕双龙戏珠，碑额左右有浮雕双龙护佑，体现盛唐雄浑风格。从唐玄宗时起，螭首碑上火焰宝珠被抬高至碑顶位置的处理，可能是受到这类巨型纪念柱或纪念碑的造型影响。[1]

[1] 赵汗青 . 龙走铭石：中国古代螭首碑的起源与形成 [J]. 艺术设计研究 ,2022(6):102-107.

大朝重建大纯阳万寿宫之碑

元中统三年（1262）立石　现立永乐宫三清殿前东侧

碑青石质，螭首龟趺。额篆“大朝重建大纯阳万寿宫之碑”12字。碑文为楷体。该碑是一通厥功纪事碑。体积高大，形制古朴典雅，为永乐宫巨碑之一。翰林学士王鹗撰文，大司农姚枢书并篆额。

河南商代亳都都城遗址碑

商代亳都都城遗址碑立于2010年，位于河南省郑州商代遗址公园。该碑仿照旧制，为螭首龟趺石碑。

◎ 延展阅读 ◎

河洛文化与负屃

“河图洛书”来自古代传说。相传伏羲氏时期，黄河里浮出一匹龙马，它身上的旋毛变成“一六居下，二七居上，三八居左，四九居右，五十居中”的图形，这就是“河图”，伏羲氏依“河图”画出八卦。大禹治水之时，洛河里浮出一只神龟，神龟的背上长有纹、图、点，自列成组，这就是“洛书”，大禹对“洛书”进行阐释，依此治水成功，遂划天下为九州。[1]“河图”“洛书”这两幅神秘图案，被认为是华夏文化的源头。

有学者认为，汉碑圆首上的晕和螭龙，我们可以理解为“河龙”，“洛龟”就是碑趺。[2]汉代碑石形制基本定型，在圆首上刻半环形晕或螭龙象征龙吐符瑞的“河龙出图”，方趺或龟趺象征“洛龟出书”。这样的组合表示碑文有天授之意，所歌颂的人物或事件也具有了神圣意义。

负屃的形象可由螭龙追溯到背负河图而出的“龙马”，说明“河图”“洛书”深刻影响着后世文化，丰富的内涵使各种文化现象可以由此探源寻根。

---

[1] 郑州市地方史志办公室．河南郑州：河图洛书传说．学习强国，郑州学习平台．2020-06-29.

[2] 刘海宇．汉碑的形制与谶纬思想 [J]. 齐鲁学刊 ,2011(2):35-41.

chī wěn

螭吻

龙子螭吻立云端，
威威赫赫镇宫檐。
降雨吞火护广厦，
风雨不侵岁月安。

话说螭吻

螭吻
龙的第九个儿子
也叫鸱尾
它长着龙头鱼身
喜欢吞火吐水
妥妥的龙形灭火器
在古代
人们会把螭吻的形象
雕刻在房子上
让它在高处时刻提防着火情
传说汉武帝修建的柏梁殿的屋顶上
就有螭吻的形象

Chi Wen,
the ninth son of the Loong,
was also known as Chi Wei,
with a Loong-like head and a fish-like body,
Chi Wen loved devouring flames and exhaling water,
like a perfect Loong-shaped fire extinguisher.
In ancient times,
people would carve the image of Chi Wen
on the quoin of their house,
allowing him to vigilantly guard against fire.
It was said that the roof of the Bailiang Palace
built by Emperor Wu of the Han Dynasty,
was decorated with the figure of Chi Wen.

尽管螭吻有着如此能力
它却经常玩忽职守
真当柏梁殿发生火灾时
螭吻却不知所踪
导致了柏梁殿成为“咸阳一炬”

Yet despite his formidable abilities,
Chi Wen often neglected his duties.
When a fire broke out at the Bailiang Palace,
Chi Wen was nowhere to be found.
The palace was burned to ashes.

后来
当人们再雕刻螭吻时
也会雕刻一把仙人许逊的斩蛟剑
直插螭吻身体
将它牢牢地固定在房脊之上
防止它乱跑
自此之后
螭吻只得尽心尽力
守护防火安全
这使它终于成为镇邪避火的象征

Since then on,
when carving the image of Chi Wen,
people also sculpted on his body
a sword wielded by Xu Xun,
an immortal human being.
This sword stabbed Chi Wen in the back,
fastening him firmly to the ridge of the roof
to prevent him from wandering off.
From then on,
Chi Wen had no choice but to dedicate himself
to guarding against fire.

作为龙的孩子
螭吻的能力自然无出其右
但是它和它的有些兄弟一样
似乎都缺少自我约束的能力
往往需要外界的约束
其实
成长的过程就是一场由外界约束到自我约束的转变
对于孩子是这样
对于大人又何尝不是呢

As a child of the Loong,
Chi Wen's abilities naturally were
second to none.
Yet just like his brothers,
he seemed to lack self-discipline,
often needing an external force
to help guide his life's path.
Indeed,
the journey of one's growth is the transformation
from outside constraints to self-restraint.
This is true not just for children,
but for adults as well.

溯源寻根

屋脊尽头的琉璃螭吻，是龙族最神奇的消防员，也是龙族的九子。它的大嘴能吞下雷火，鱼尾会招来甘霖，它用五行智慧守护木质宫殿。当暴雨冲刷黄瓦时，你看见它在云中翻腾的身姿了吗？这位“防火卫士”正讲述着科学与神话交织的中国智慧。

屋顶的灵眸：螭吻护古建

在中国古代高等级建筑的屋顶上，前后两坡交汇的脊就是正脊，螭吻是立于屋顶正脊两端的装饰物。

因为正脊和垂脊相交处容易漏水，所以人们用螭吻来加强保护，避免漏水；同时因为中国传统建筑是木结构，人们最担心着火，螭吻作为龙九子之一，能以水防火，所以人们常将螭吻雕刻在房子的最上方一角，让他在高处时刻提防着火情。随着时间发展，螭吻还成为建筑等级的标志。

千年鳞影：从鸱尾到螭吻的华章

螭吻历史悠久，起源于汉代，早期多称鸱尾，唐朝至元朝多称鸱吻，明清多称螭吻。唐代苏鹗在《苏氏演义》中记载：“蚩者，海兽也。汉武帝作柏梁殿，有上疏者云：‘蚩尾水之精，能辟火灾，可置之堂殿。’今人多作鸱字。见其吻如鸱鸢，遂呼之为鸱吻。”说明汉代已有鸱尾。从文物角度看，汉代建筑明器已有鸱尾。

郦道元《水经注》提到过鸱尾：“城周围八里一百步，砖城二丈……阁上架屋，屋上构楼。高者六七丈，下者四五丈。飞观鸱尾，迎风拂云，缘山瞰水……西区城内，石山顺淮面阳，开东向殿，飞檐鸱尾，青琐丹墀，榱题桷椽，多诸古法。”

唐朝之前螭吻的显著特点是外形简洁、古朴大气，造型像大鸟的尾部。

从唐朝至元朝，螭吻多称鸱吻。刘昫《旧唐书·本纪第十五》中记载：“己酉，大风毁太庙鸱吻。”唐代鸱尾造型开始出现了由鸟尾向龙头鱼尾的改变，鸱吻表面逐渐出现了鳞片。

有学者认为唐朝鸱吻借鉴了佛教中摩羯鱼的形象特征。唐朝国力强盛，民族融合，中外交流密切，文化兼容并蓄。佛教在唐代得到较大发展，对唐代的艺术、建筑也都产生了较大的影响。从外形来看，鸱吻呈现龙头鱼尾的特征，与印度摩羯鱼相似。随着发展，鸱吻身上的装饰开始逐渐增多，到后来还出现了剑把等结构。

到了明清时期，官式螭吻造型和装饰更多加入了一些“龙”的元素，大龙身上加了小龙，所以称螭吻。官式螭吻不仅造型固定，而且颜色单一；而民间螭吻造型各种各样，丰富多彩。

明代才出现了龙生九子的说法，早期有两种记载：

“龙生九子不成龙，各有所好……蚩吻平生好吞，今殿脊兽头是其遗像。”（李东阳《怀麓堂集》）

“二曰螭吻，形似兽好望，今屋上兽头是也。”（杨慎《升庵集》）

从此，螭吻便被大家所熟知。

故宫螭吻探秘：皇家屋檐上的琉璃密码

故宫神武门螭吻的构造主要由几个部分组成：大龙头，龙口大张；龙身上除了有鳞片，还有小龙；龙尾向外卷；龙背有宝剑把手，剑把为五股祥云的造型。整体形制固定，采用皇家专属的黄色。

故宫正脊上的螭吻同其他垂脊的骑凤仙人、龙、凤、狮子等脊兽，共同形成了高低不平、错落有致的天际线。

明清官式螭吻的比例大小有着严格的规定，明代何士晋《工部厂库须知》中，对螭吻的大小以及所需工程量有详细记载：“吻一双，十三块，一百五十工；吻一双，十一块，九十工；吻一双，九块，八十工；吻一双，七块，四十八工；吻一双，六块，三十六工；吻一双，五块，二十五工；吻一双，四块，二十二工；吻一双，三块，十八工；吻一双，高二尺五寸，六工。”清代的螭吻规制沿袭了明代，在《大清会典》中可以找到类似记载。

明清官式螭吻是琉璃的，主要烧造地点在门头沟的琉璃渠，制造过程大致如下：采集原料—粉碎成末—浸泡清洗—制作成型—阴干—第一次入窑烧制—上釉—第二次入窑烧制—成品。

常识中国

江西滕王阁

螭吻造型，诗境结合。

山西天台庵

晚唐遗构，单檐歇山顶简劲雄浑，禅宗寺院早期形制。

湖北黄鹤楼

明清风格，螭吻避雷。

河南应天门

螭吻作为正脊装饰，具有防火寓意，是礼制象征。

山西永乐宫三清殿

永乐宫三清殿是元代道教核心建筑。20 世纪 50 年代，为避三门峡水库淹没风险，永乐宫整体搬迁至 20 公里外，历时十年完成，成为“文物搬迁史上的奇迹”。原殿顶元代螭吻因破损严重，20 世纪 60 年代按原样复烧新件替代。现存螭吻高约 3 米，其造型独特：龙头龙尾，通体孔雀蓝釉色。最引人注目的是龙身浮雕四位手持宝器或刀剑的人形神像，象征降雨护法。这一螭吻不仅是元代建筑技艺的缩影，更是古人智慧与信仰的生动见证。

◎ 延展阅读 ◎

屋顶上的五行魔法：螭吻为何是防火小卫士？

螭吻还是中国风水文化的体现。古人认为，任何事物都是由金、木、水、火、土五种元素构成的，这五种元素之间存在着相生相克的联系：木生火，火生土，土生金，金生水，水生木；木克土，土克水，水克火，火克金，金克木。五行说认为“木生火，水克火”，中国古建筑主要是木结构，要用水来使其远离火灾的威胁。从风水的角度来看，古人认为螭吻能够吞火、降雨，防止着火。从螭吻的造型来看，龙头、鱼鳞、鱼尾，都与水有关，体现了中国风水文化里“以水克火”的心理作用。

lóng
龙

话说龙

传说
为使华夏各部统一
轩辕黄帝
取各部图腾的精华
其中就包括兔眼
鹿角
牛耳
鹰爪等
龙就此诞生
它象征着多元与统一
一个伟大而坚忍的民族就此诞生

Legend has it
that to unify the diverse tribes of ancient China,
Emperor Xuanyuan, also known as Yellow Emperor,
integrated the finest features of each tribe's totems.
These included the eyes of a rabbit,
deer antlers,
cow ears,
and eagle claws.
From this unique combination emerged the Loong.
The Loong symbolized diversity and unity,
heralding the birth of a resilient and great nation.

扫码观看
视频讲解

中国人崇拜龙
一方面是它有着独特的智慧
它在弱小时
有潜龙勿用的谨慎
它在兴盛时
有飞龙在天的气势
它在形势变幻莫测时
有龙蛇之变的适应力
能大能小
能升能隐
经得起繁华也耐得住寂寞
体现了中国人的
处世大智慧

The Chinese people revere the Loong
as it exemplifies wisdom and caution
During times of weakness,
embodying the principle of
a latent Loong should not be used without good reason.
During times of prosperity,
it demonstrates great momentum
akin to a "soaring dragon in the sky".
Amid unpredictable situations,
the Loong adapts like
the "transformation between the states of a Loong and a snake".
With the ability to grow or shrink,
ascend or hide,
it can endure prosperity but also withstand loneliness,
embodying the wisdom of the Chinese people
in dealing with the world.

西方也有龙
他们的龙长着翅膀还能喷火
往往在英雄前进路上充当拦路的角色
而中国的龙正义神秘
西方的龙叫作“Dragon”
我们的龙叫作“Loong”
更体现着中华民族所追求的
美美与共 和而不同
正所谓
龙生九子
九子各不同

Western cultures have their own version of the Loong,
often depicted with wings and the ability to breathe fire,
serving as an obstacle in the hero's journey.
However, the Chinese Loong represents justice and mystery.
It's called "dragon" in the West and "Loong" in China.
It embodies the Chinese nation's pursuit of
"harmony in diversity with shared beauty".
As the saying goes,
"the Loong has nine sons, and each one is different."

溯源寻根

龙是中华民族最重要的文化符号之一。从古到今，无论是神话传说、典籍文献，还是建筑样式、衣饰纹章，处处都有它的身影。龙贯穿了中国的历史，中国人更是将自己亲切地称为“龙的传人”。那么，“龙”从哪里起源？几千年的文明进程中，“龙”又有哪些变化？对我们而言，“龙”代表着什么呢？

龙的起源：原始多样

关于龙的起源，一直以来有很多不同的说法。有人认为，龙的起源与崇蛇有关。龙的形象是以蛇为主体，再加入一些其他动物的特点拼接而成的。有人认为，龙的起源和鳄鱼有关，

红山玉龙

因为在很多图案里，龙长着粗壮的腿，所以人们推测是远古时期居住在水边的人苦于被鳄鱼侵扰，而将它神化，加以祭祀和崇拜。还有人认为，龙起源于我们的祖先对雷电、云雾等自然现象的恐惧，又或者是对江河等自然景观的理解与描绘。虽然关于龙的起源众说纷纭，但龙的某些形象特点始终是一致的，比如长条状的身体、腾飞的动作等，这些都可以在早期的遗址当中找到证据，例如杨家洼遗址和查海遗址的堆塑龙（距今约8000年）、红山文化的玉龙（距今约6500年）、西水坡遗址的蚌塑龙（距今约6300—6500年）、二里头夏都遗址的绿松石龙形器（距今约3800年）等。它们或堆塑，或蜷身，或趴伏，都从不同角度展现出了龙的早期形态。

绿松石龙形器　号称“中华第一龙”

神话传说与文献中的龙：从多变到确定

与龙有关的内容，在中国的神话和文献中不胜枚举。早期的龙，在人们的传说和记述中已经开始有了操纵水的能力。甲骨文的卜辞就记录了龙和雨的关系："其乍（作）龙于凡田，又（有）雨。"春秋时期，郑国发了大水，当时的人们就认为，是有龙在郑国旁边的洧（wěi）渊中争斗所致。除了降雨，龙还有其他各种各样的能力，例如《山海经》中记录的三条龙：应龙，因杀死夸父和蚩尤不能再回天上，居于南方，自此南方多雨（应龙有蓄水之能，大禹治水时，还曾出山帮忙疏导洪水）；烛龙，是钟山的山神，人面蛇身，全身赤红，能够照亮一切黑暗的地方，它睁开眼睛便是白天，闭上眼睛就是黑夜；夔龙，长得像牛，没有角，只有一条腿，可以发出日月一般的光辉，叫声如同雷鸣。这些或强大，或恐怖，或奇怪的龙的形象，展现了先民对龙的崇拜和想象。

我们熟悉的龙王形象最早可以追溯到先秦时期，佛教的传入和道教的影响使得它最终形成，这时候的龙成为管理一方水域的神明。宋代是龙形象发展的重要时期，宋人确定的画龙规范，在明代被画家唐伯虎归纳为"三停九似"。"三停"是将龙的整体划分为三个部分——自首至项，自项至腹，自腹至尾；“九似”则是确定龙身体的九个部分的各自特点：头似驼、眼似兔、耳似牛、项似蛇、腹似蜃、鳞似鱼、角似鹿、掌似虎、爪似鹰。自此，龙的形象最终定型。

龙与中华民族：传承和发扬

中国人对龙的崇拜起源于对自然力量的敬畏。龙的这些特征巩固了它作为神兽所具备的“祥瑞”之象，也因此涌现了许多与龙有关的吉祥纹样。而在传说之中与神明绑定的龙，在封建王朝自然而然要收归皇帝座下。隋唐时期，龙的政治象征尤为明显。到了明清，统治者确定法规，垄断了龙纹的使用权限，龙也彻底成为皇权的象征。

龙是神圣的，而神圣的东西牢不可破，更体现了龙一往无前、冲破阻碍的气势。这种强大的生命力，又与国家崛起、民族复兴深深契合。龙在中国人心目中的形象，在中华文化中的地位不言而喻。

常识中国

故宫太和殿屋顶的龙纹藻井

故宫作为明清两代的皇家宫殿，龙的形象无处不在。太和殿是故宫中最重要的建筑之一，内部设有龙纹藻井。其龙雕栩栩如生，闪耀夺目，龙身蜿蜒，龙爪锋利，象征着帝王的威严与权力。这些龙纹反映了古代建筑工匠的精湛技艺，具有极高的艺术价值。

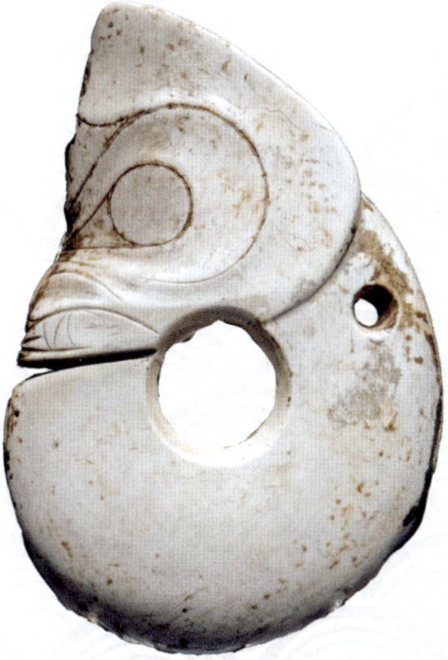

新石器时代红山文化玉猪龙

这件玉龙出土于内蒙古红山文化遗址，是中国最早的龙形玉器之一。通体呈鸡骨白色，局部有黄色的土沁，造型粗犷，是已知同类中形体较大、形制较规整的一件，是上古先民图腾崇拜的圣物。

辽宁省博物馆藏

元代青花龙纹瓷瓶

这件元代青花瓷瓶上的龙纹刻画精细，龙身蜿蜒，龙爪锋利，龙眼炯炯有神。青花瓷的淡雅色彩与龙纹的生动造型相得益彰，展现了元代瓷器工艺的高超水平。

湖北省博物馆藏

山西平遥古城的九龙壁（局部）

山西平遥古城是中国保存最完好的古代县城之一。其九龙壁釉色鲜艳、雕刻精细，富有民间艺术特色。

◎ 延展阅读 ◎

被南朝文学家谢灵运称为“天下有才一石”而独占八斗的曹植，于洛水间得遇洛神，写下了流传千古的《洛神赋》，“翩若惊鸿，婉若游龙”便是对洛神之美的描述。唐朝关于龙的诗文更是多不胜数。刘禹锡在《陋室铭》开篇说：“山不在高，有仙则名。水不在深，有龙则灵。”刘禹锡认为，一片水域是否有灵气，并不在于水的深浅，而在于是否有龙存在，这从侧面展现了龙沟通天地的能力。

关于龙的成语，还有许多妙用。例如：我们可以用龙来形容精气神，比如生龙活虎、龙马精神、龙腾虎跃；我们也可以用龙来表现书法或文章辞藻之美，比如龙飞凤舞、龙雕凤咀……

图书在版编目（CIP）数据

常识中国：龙生九子 / 人民美术出版社编.
北京：人民美术出版社, 2025. 7. -- ISBN 978-7-102
-09684-1
Ⅰ. K203-49
中国国家版本馆CIP数据核字第20250XG996号

常识中国
CHANGSHI ZHONGGUO
龙生九子
LONG SHENG JIU ZI

编辑出版 人民美术出版社
（北京市朝阳区东三环南路甲3号 邮编：100022）
http://www.renmei.com.cn
发行部：（010）67517791
网购部：（010）67517604
编　　者 人民美术出版社
责任编辑 张梦媛
装帧设计 雷　宇
责任校对 魏平远
责任印制 康改峰
制　　版 人民美术出版社印制设计部
印　　刷 雅迪云印（天津）科技有限公司
经　　销 全国新华书店

开　本：787mm×1092mm　1/32
印　张：5.75
字　数：65千
版　次：2025年7月　第1版
印　次：2025年7月　第1次印刷
印　数：0001—5000
ISBN 978-7-102-09684-1
定　价：69.90元
如有印装质量问题影响阅读，请与我社联系调换。（010）67517850